キプカへの旅

岩根愛

太田出版

はじめに

この裏だ、とニックさんは車を停めた。一九号線の橋桁を降り、道なき藪の中を進むと、ふとした気配があって、ホウオウボクの木が生えていた。

「初めて来た時は、日本語学校の看板と、建物がまだあったんだ」

獣道のような細い道筋を辿って奥へ進む。その先とを分ける境界のようなものを感じ、ぷつっとクモの糸をちぎってしまった感触に視線を落とすと、草に埋もれた墓石があった。

コンクリートで作られた墓石に、かすかに文字が見える。裏側は、周囲の草を刈らないと読むことはできない。

ハワイ島ハマクア地区の小さな町オオカラに、かつてサトウキビ農園があった。この墓地は、農園の中の、キャンプと呼ばれた労働者の居住地跡にある。

　キャンプにはかつて、労働者である移民たちが暮らした家、学校、商店などがあった。ハマクアコーストを望む製糖工場の煙突からは、毎日煙が立ち、たくさんの移民が働いていた。

　砂糖産業全盛期のハワイには、多数の製糖会社があり、広大な敷地の農園の中に、このようなキャンプが無数にあった。たくさんの小さな花をつけ、シャワーツリーとも呼ばれるように、花びらがシャワーのように舞い散るホウオウボクは、日本語学校、お寺や墓地、日本人がいたところに、まるで目印のようにある。桜を植えるように、ホウオウボクを植えたのだろうか。

　農園が閉鎖になったあと、改葬された墓もあるが、子孫が絶えたり、ハワイから出て行ったりして、忘れられ、放置された墓地が、ハワイの至るところに、ひっそりと存在する。


　どこから来たかの手がかりさえ判別できない、その墓石との邂逅は、顔のない人との出会いのようだった。

　暗闇に目が慣れて次第に視界が広がるように、藪のまにまに一人、また一人と次々と気配がして、集落の姿が見える。

——お前は誰だ、何をしに来たのか？

墓石を割って、シダが生えている。

ハワイ諸島の成り立ちは、繰り返される噴火の歴史になぞらえられる。溶岩流の黒い岩に、最初に根付く生命がシダ類だ。マグマの養分が固まった大地に降り立った胞子が弾け、新しい植生が始まる。

墓石の割れ目にびっしりと生えるシダに引き継がれた名前のわからないその人の生命が、人型の輪郭を纏ってこちらに向かって頭を突き出し、私に大きく腕を伸ばしていた。

次から次に目の前に現れる顔のない人たちを、私は夢中になって撮り続けた。

——なんだ、もう帰るのか？

砂糖産業を支えるためにできた町は、その終焉とともに消えた。残った石から私に向かって差し出される、消滅した町、息づいていた人の気配に、そのとき私は、取り憑かれてしまったのだ。

後ろ髪を引かれる思いでオオカラを去る時、こんなところがハワイにたくさんあるのなら、すべて探しだしたい。各地のキャンプの情報を集めよう。ハワイの忘れられた墓地をできるだけ探しだそう。

――また、来ます。また必ず来ます。

顔のない人たちに、会いに行こう。

そう決めた。二〇〇六年のことだった。

キプカへの旅　目次

第2章 福島へ 97

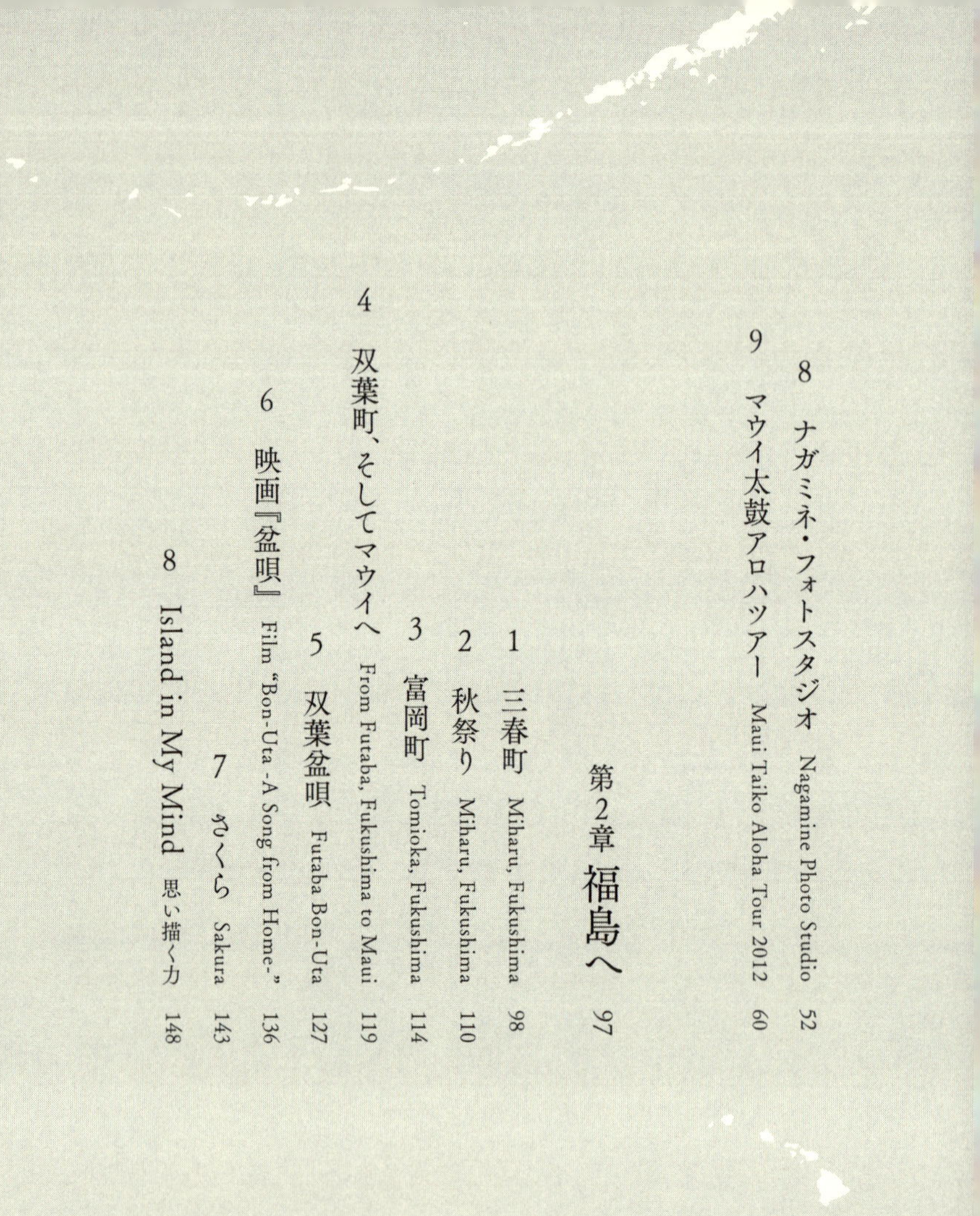
ハワイ諸島

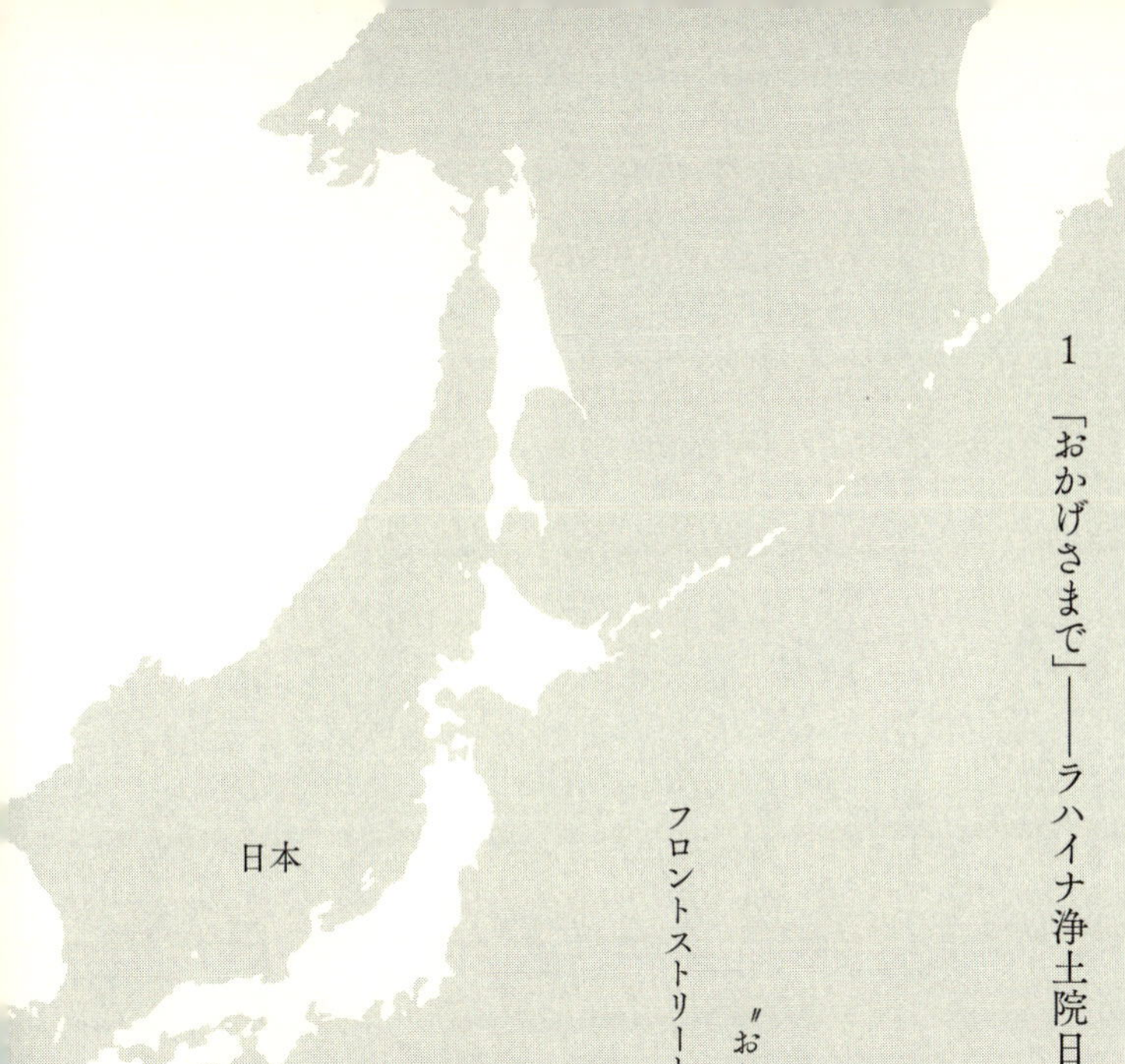

第3章 島日記 169

オアフ島
モロカイ島
ラナイ島
マウイ島
ハワイ諸島
ハワイ島

カウアイ島

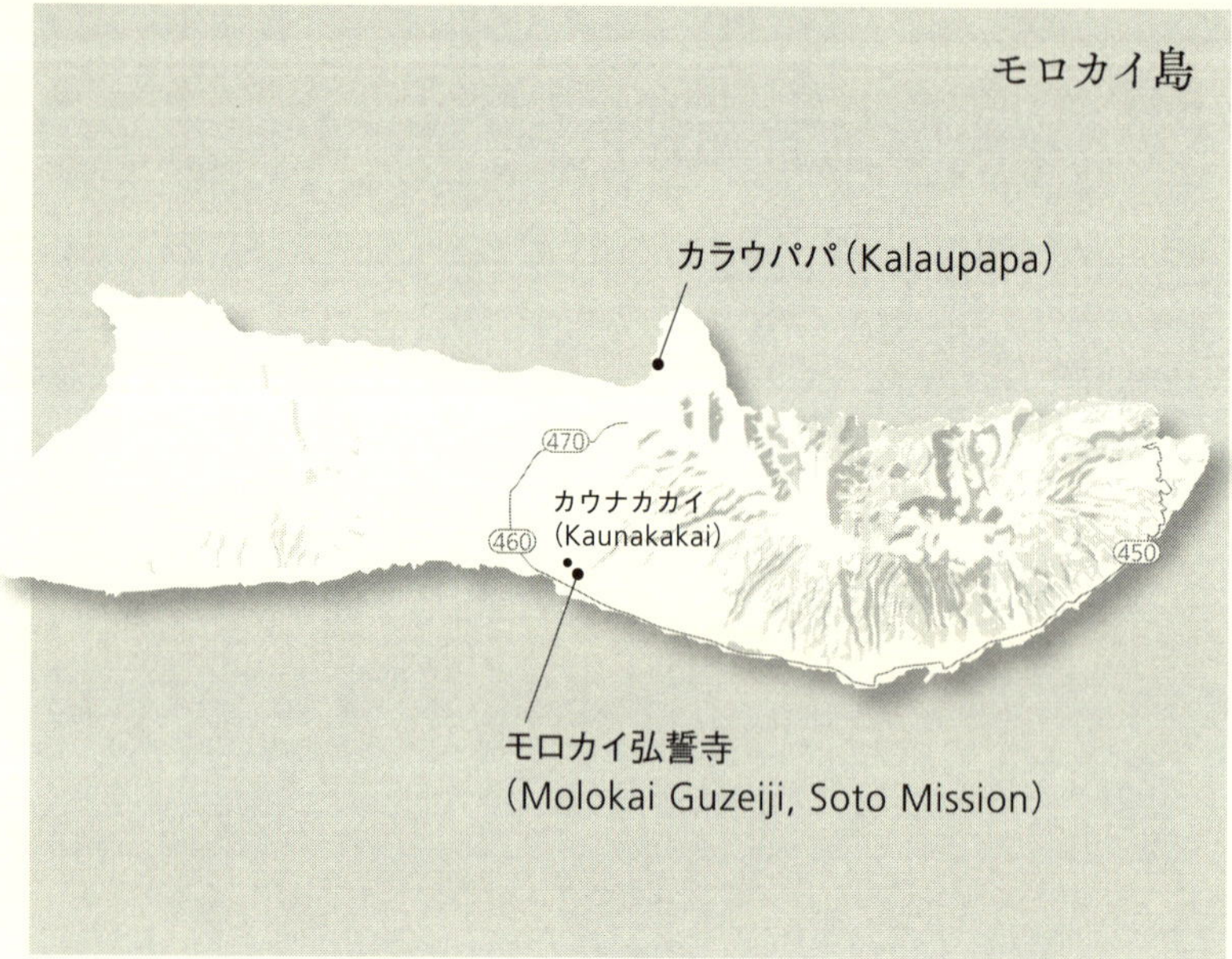
モロカイ島
カラウパパ（Kalaupapa）
470
カウナカカイ
（Kaunakakai）
460
450
モロカイ弘誓寺
（Molokai Guzeiji, Soto Mission）

ケオモク（Keomoku）地区の墓地
ラナイ・シティ
（Lanai City）
440
ラナイ本願寺
（Lanai Hongwanji Mission）
ラナイ島

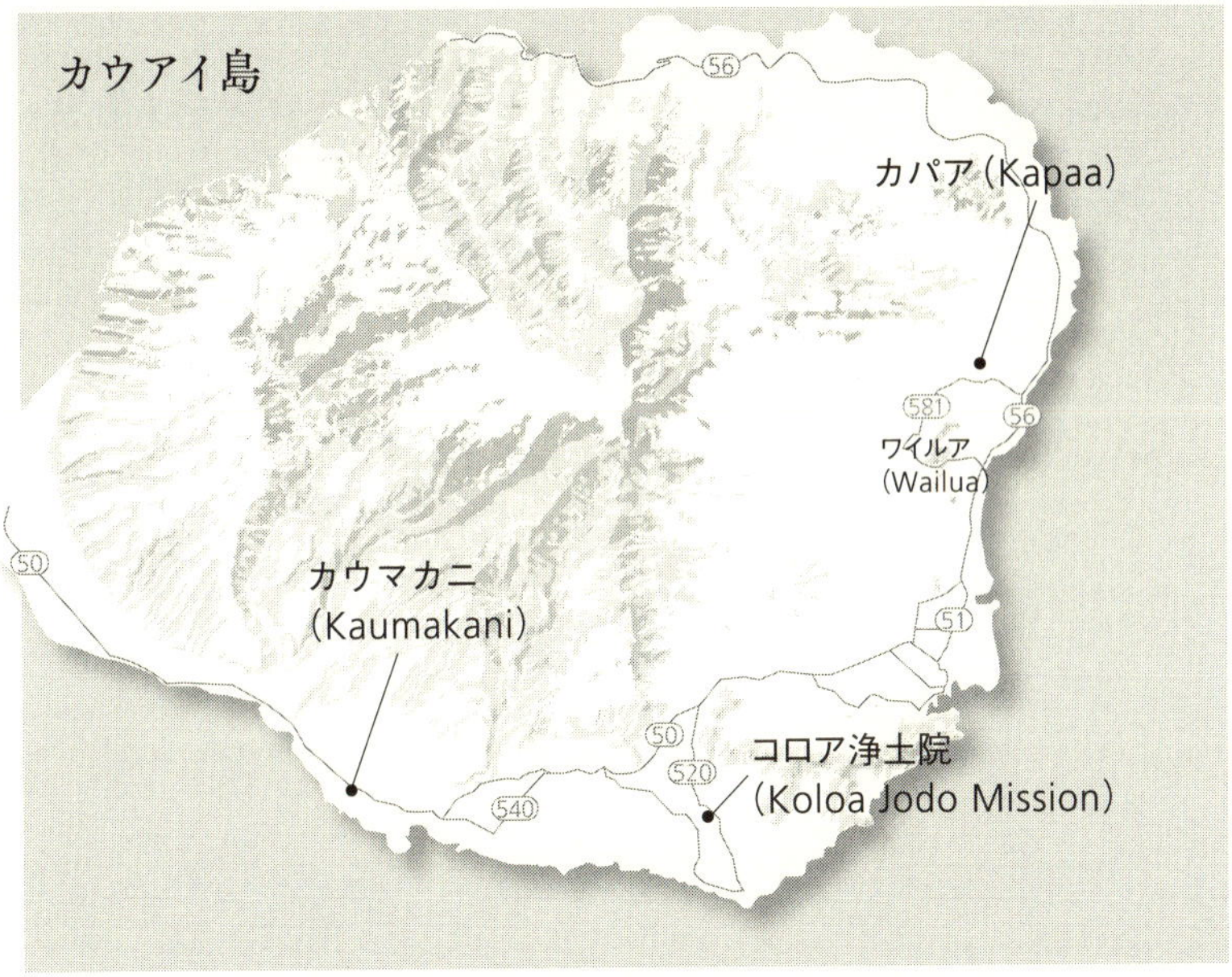
カウアイ島
56
カパア（Kapaa）
581
56
ワイルア
（Wailua）
50
カウマカニ
（Kaumakani）
51
50
コロア浄土院
520
（Koloa Jodo Mission）
540

オアフ島
カワイロア（Kawailoa）地区の墓地
ノースショア
（North Shore）
83
99
ハレイワ浄土院
（Haleiwa Jodo Mission）
93
750
830
H2
東本願寺ハワイ別院
H3
H3
（Higashi Hongwanji Mission of Hawaii）
ハワイ曹洞宗別院
（Soto Mission of Hawaii）
63
61
95
ホノルル
72
ハワイ日本文化センター
（Japanese Cultural Center of Hawaii）

ハマクア浄土院（Hamakua Jodo Misson）
オオカラ（Ookala）
ヒロ国際空港
（Hilo International Airport）
プナ本願寺
（Puna Hongwanji）
マウナ・ケア山
（Maua Kea）
ヒロ（Hilo）
パホア
（Pahoa）
ヒロ明照院
（Hilo Meishoin）
パホア日系人墓地
キラウエア火山
（Kilauea）
プナ地区レイラニ（Leilani）
360
270
250
19
190
180
11
130
137
ハワイ島

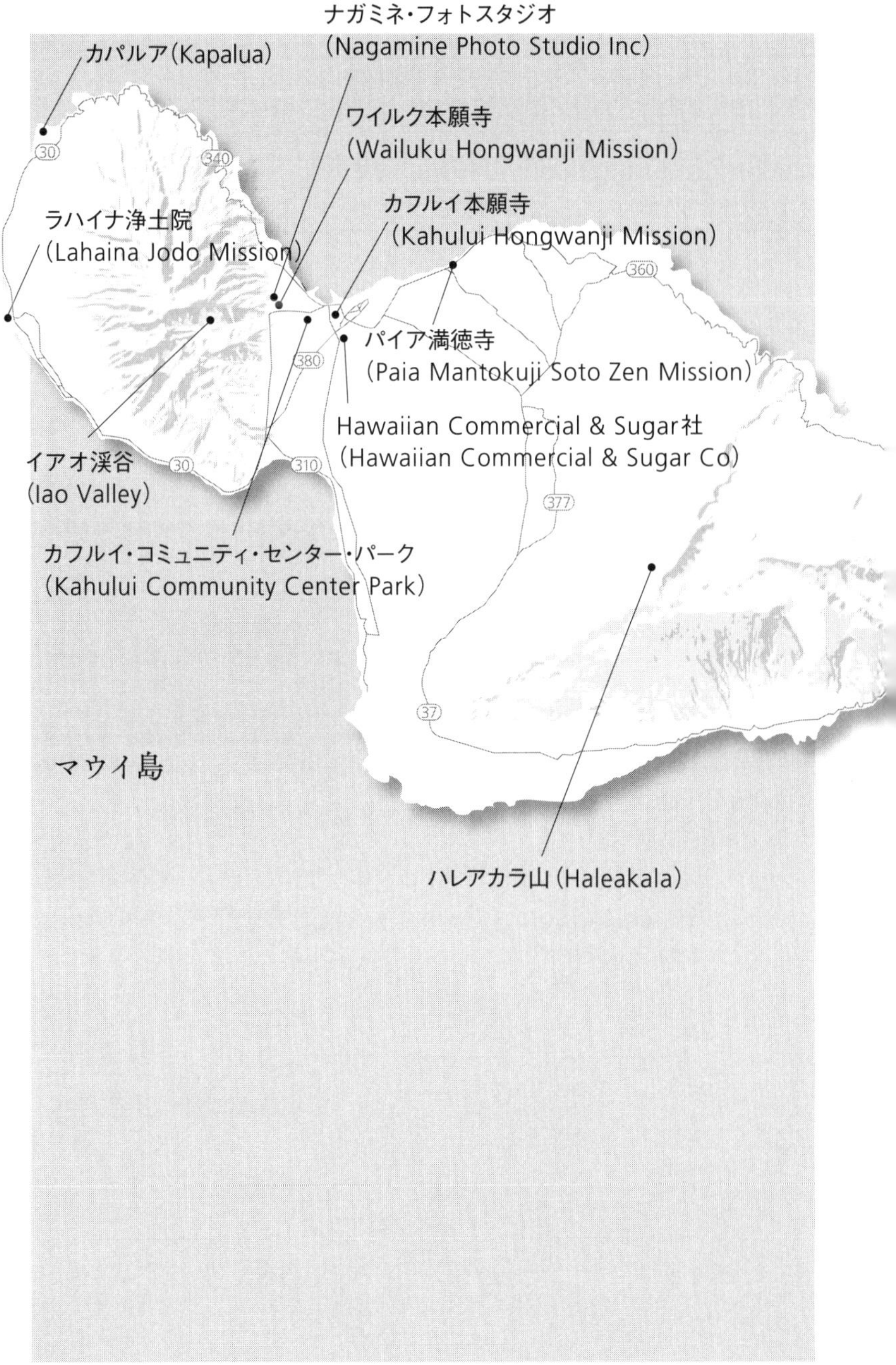
ナガミネ・フォトスタジオ
（Nagamine Photo Studio Inc）
カパルア（Kapalua）
ワイルク本願寺
（Wailuku Hongwanji Mission）
カフルイ本願寺
（Kahului Hongwanji Mission）
ラハイナ浄土院
（Lahaina Jodo Mission）
パイア満徳寺
（Paia Mantokuji Soto Zen Mission）
Hawaiian Commercial & Sugar社
（Hawaiian Commercial & Sugar Co）
イアオ渓谷
（Iao Valley）
カフルイ・コミュニティ・センター・パーク
（Kahului Community Center Park）
マウイ島
ハレアカラ山（Haleakala）
30
340
360
380
310
30
377
37

桑折市
新地町
伊達市
相馬市
気まぐれ茶屋ちえこ
福島市
飯舘村
6
鴫原誠一さん・
たきこさん花畑
川俣町
南相馬市
二本松市
浪江町
朝田木材産業
高柴デコ屋敷
本宮市
愛宕神社
葛尾村
横山電機
今泉春雄さん自宅
双葉バラ園
田村市
三春まちづくり公社
双葉町
三春町
福島第一原子力発電所
大熊町
三春滝桜
斎藤泰助さん
田んぼ（農地）
富岡町
郡山市
川内村
小野町
須賀川市
楢葉町
福島第二原子力発電所
広野町
玉川村
平田村
石川町
いわき市
6
古殿町

写真　岩根 愛
ブックデザイン　鈴木成一デザイン室

第1章　ハワイへ

To Hawaii

1　ハマクア浄土院
Honokaa, Hawaii

海沿いの一九号線から山側へ道を曲がり、急な坂を登ると、大きなホウオウボクの木がある。平たく横に広がった枝に小さな花をたくさん咲かせ、赤い花びらが滑り落ちる。その先に、アボカドグリーン色の、立派な宮造りの寺院が、誰もいない静かな山中に鎮座している。

七年間音信不通だった友人の未央が、娘を連れて突然現れて、「久しぶりに帰国した、今はハワイ島に住んでいる」、と言った。歌手だった彼女のポートレート写真の撮影をしたのがきっかけで仲良くなったが、その後アメリカ人の写真家と結婚して出産し、アメリカに移住すると聞いたのが最後だった。ビーチリゾートのイメージしかなかったハワイには特別な興味も持っていなかったが、ハワイ島の深いジャングルと、三〇年間噴火を続けるキラウエア火山の話を彼女から聞いて、いつか機会があったらぜひ訪ねてみたいと思ったのだった。

思っていたよりもすぐにそのチャンスはやってきた。三ヵ月後、ホノルルでの撮影の仕事が入り、私はすぐに未央に連絡し、ロケ終了後にハワイ島を訪れることにした。ハワイへ発つ直前、旅雑誌でハワイ取材を終えたばかりのライターの朝比奈千鶴さんと仕事を共にすることとなり、ハワイ島に行くなら、ぜひニック加藤さんを訪ねるといいよ、と連絡先を教えてもらった。三〇年以上ハワイに住んでいて、なんでも知ってるから、と。

ニックさんにメールを送ると、彼が待ち合わせに指定したのがホノカアの町だった。ニックさんは私と未央を連れて、彼が住み込みで管理を手伝っていたハマクア浄土院を案内してくれた。


本堂の白い大きな引き戸を開けると、大きな阿弥陀如来像があった。

「この阿弥陀さまをまつる御宮殿《ごくうでん》は、ハワイ原産のコアの木でできているんだよ」

壁には歴代の住職の写真が、如来像の後ろには手作りの位牌が並んでいる。

本堂の裏は丘になっていて、数百もの墓石があった。

墓石の表に戒名、横には、実名、故郷、生まれた年と享年。花が供えられ、お参りされている気配のものもあるが、ひび割れて倒れている墓石の名は、苔むして判別できない。何も書いていない、大きな石を墓石に見立てているものもある。

海外への移民として日本人が最初に渡ったのがハワイで、一八六八年、明治元年のことである。その後、ハワイ王国と明治政府の移民契約の締結により、約二二万人が、一九二四年までの間にハワイへ渡った。

ハワイ島の東の玄関口、ヒロ国際空港近辺のダウンタウンには、長屋のように連なった古い建物が並ぶ。アンティークショップの食器コーナーには、たくさんの日本の骨董がある。多くは印判による大量生産が始まった頃の、お茶碗、お皿、湯呑みなどが一揃い。大事に使われていたのだろう、とてもいい状態で並んでいる。裏には、「MADE IN JAPAN」の文字が刻まれている。移民と共に船に乗り、海を渡って、ここにやって来たのだ。

ハワイ島への初めての旅で、私は「日系人」という存在と出会った。

この「MADE IN JAPAN」とハマクアで見た墓石の割れた漢字、この二種の文字のイメージが、私に刻印されたように心に残り、消えなかった。

2　ホウオウボクの大樹繁れり
Honokaa, Hawaii

　また来るならば、八月に来るといいよ、とニックさんに言われて、二ヵ月後の二〇〇六年八月、私は再びハマクア浄土院を訪ねた。お寺の盆踊り、「ボンダンス」があるから、手伝ってもらいたいこともたくさんあるし、メンバーも皆集まるから、日系人の人たちに会いたいならちょうどいいと言われ、私は有り金をはたいて三週間の滞在を決めた。お寺にはもう一人、日本から星野奈央子さんが三ヵ月滞在していて、お墓の名簿の作成を手伝っていた。

　ニックさんは当時六〇代、高齢のお寺のメンバーからみたら若者にあたる。ハマクア浄土院はハワイでいちばん古いお寺で、手入れが必要なところがたくさんあり、もう住職がいなくなったお寺で、ニックさんは何かと頼りにされていた。

　一八七五年から一九五九年まで営業していたハマクア・ミル・カンパニーをはじめ、お寺の付近には最盛期に四つの製糖会社があった。

「天竺で一儲け」との誘い文句に惹かれ、新天地での豊かな生活を夢見て南国に渡った人々を待っていたのは、サトウキビ農場での過酷な労働だった。キビの葉を手でもぎ、茎をまとめ、担いで運ぶ労働を、毎日一〇時間、週に一日の休みで続ける。灼熱の太陽の下、体に突き刺さる葉と毒ムカデを避けるため、全身を覆った作業着で働きつづけた。

一八九五年、山口県周防大島西蓮寺の住職岡部学応《がくおう》師が阿弥陀仏像を奉持して、ハワイ島において伝道を始めた。耕地労働者たちも、農園の厳しい労働の中、自分たちが集まり、くつろげる場所を作りたいと、岡部師を中心に寺院建立が計画された。農園の経営者たちは、信仰があれば労働者をまとめやすいだろうとこれを歓迎し、敷地を提供した。翌一八九六年、ハマクア郡の在留日本人総菩提所としてハマクア仏教会堂（現ハマクア浄土院）が建立された。

浄土院もかつてはたくさんのメンバーに支えられ、ホノカアは日系人の町として栄えていたが、今では、すぐ北の、景観で有名なワイピオ渓谷へ向かう観光客が、時おり立ち寄るだけの寂れた町となっていた。

『日系の　人たち多く　眠る墓　ホウオウボクの　大樹繁れり』

本堂の内側の扉の上に、ハマクア浄土院の御詠歌がローマ字で書いてある。

火曜日の午前、御詠歌の練習に、女性五人のメンバーがやってくる。高齢のおばあちゃんたちが、ゆっくり、お堂への階段をなんとか登りきると、まずは阿弥陀さまに、そのあと亡くなった旦那さんや、親戚の位牌を巡ってお参りをする。ヒロのお寺から来た住職がお堂のすみにテーブルと椅子を並べ、練習が始まる。楽譜を懸命に追いながら鉦をふり、歌を歌う。

練習が終わるとお茶の時間が始まる。ポットに急須、日本茶、おせんべい。お寺の婦人会会長の藤谷さんと上田さんがきびきびとお茶の準備をする。桶谷さんは最年長ながらも多趣味で、スポーツセンターやボウリングに通い、ハワイアンキルトの名手でもあるという。結城さんの旦那さんは、日系二世部隊、第一〇〇大隊の退役軍人だ。ハワイ生まれの二世たちが志願した部隊が、第二次世界大戦のヨーロッパ戦線で多大な犠牲を払ったことで、敵国人の子供だった日系人はアメリカ市民として認められた。

土井さんは小さな声で話し、穏やかで口数も少ないけれど、御詠歌となると美声を響かせる。以上五人が婦人会の御詠歌メンバーで、日本からお嫁に来た藤谷さんを除いては、みなハワイ生まれの二世だ。

「あんたジャパンから来たの？　まあえらいことねー」

「これベリーグッ。食べんしゃい」

広島弁と英語が混ざったような、独特のハワイ方言が繰り広げられ、話題はボンダンスで振る舞う食事の準備と買い物について。ホノカアのカネシロストアには里芋がないから、ワイメアまで買い物に行かなくてはいけない。ごぼうはたくさんのドネーション（寄付）があったから今年は買わなくていい。木曜に買い物、金曜に下準備、当日は朝七時から。お手伝いを約束して、皆が帰ると、誰もいなくなったお寺はまた、静まり返る。本堂の戸締りをしながら、阿弥陀さまの後ろに並ぶたくさんの位牌が、ふとこちらを見ているような気持ちになる。

3　BON DANCE
Honokaa, Hawaii

それからお盆までに、少しずつ準備が行われた。誰かがちょっとだけやって来ては、食材を置いていったり、電気の配線を直していったりした。大掃除には、メンバー全員と手伝いの家族が合計二〇名ほど集まり、小さなやぐらが立ち、提灯もついた。

ボンダンス当日の朝七時、お供えの花をたくさん抱えてやってきた藤谷さんは、今年初めてお盆のキッチン当番になった道子さんについて、大丈夫だろうかと心配している。必要なものは揃えたし、ごぼうと人参の千切りは前日に済ませて酢水につけてある。二つある炊飯器にお米をいっぱい入れ、炊き上がったらまたお米を入れるのを繰り返す。塩むすびを作る班、煮しめの準備をする班、あちらでは白和えのための白菜を茹でている。メンバーやお手伝いの方たちのランチの準備もしなくてはいけない。外では男性陣が、年代物の手回しのかき氷機を洗っている。

道子さんは熊本から、年の離れた二世の旦那さんの後妻としてお嫁に来たが、旦那さんを亡くしてから、今は一人で山の中に住んでいる。私は道子さんの担当する白和えづくりを手伝うことになった。茹でた白菜と豆腐を絞る。固く固く絞ること。それから、大きなすり鉢で大量のゴマをする。

初めての当番に戸惑う道子さんは、白和えの味付けを女性陣にみてもらうが、砂糖がぜんぜん足りてない、モアシュガー、モアシュガー、と言われる。ハワイの味付けは、自分たちで作った、砂糖をたっぷり使うこと。当時は高級品だった砂糖を惜しげもなく使う、甘い甘い味付けが日系人のプライドなのだ。

「わたしゃパパイヤヘッドだから」道子さんが自分の頭を叩いてうまく仕切れないこ

とを自虐的に笑う。タロ芋畑を営むカワシマさんが、「そんならあたしはタロヘッド」と間髪入れずに言って、二人で笑い合った。二人とも、耕して耕して生きてきた、分厚い掌をしている。

お昼を済ませ、煮しめの下準備が整うと、外にバーナーと大きな釜を出して、ここからは男性の力仕事となる。まずはきんぴらを炒めて、そのあと煮しめを炊き上げる。サラダは大きなボウルに二つ、塩むすびは三〇〇個。デザートは各人が持ち寄った自慢の手作りスイーツ、焼きまんじゅうやリリコイケーキ、モチ粉ケーキなどでテーブルは満杯になった。

あっという間に夕方になり、藤谷さんが、お供え作らなきゃと言って、大根、人参を並べはじめた。みじん切りにして、お米を混ぜて、バケツに分ける。キッチンの仕事はいったん休止、バケツを持って墓地を巡る。名前のない小さな石も、倒れた墓石も、漏れがないように少しずつ、墓地の丘の上からと下から、二手に分かれてお供えをする。その後にお線香を供える係が続く。

法要は、午後六時から。提灯に灯がともり、ようやく一息つく頃、漁師のニッキーさんがアヒ（キハダマグロ）を丸ごと一匹持って来た。ありがたいが、これで休憩できなくなってしまった。道子さんがアヒをさばいて、半分は刺身に、半分はフライにする。私はフライを手伝った。

お寺のメンバーは、踊りに来る人たちをもてなす側でもあるが、故人やご先祖さまの法要もしなければならない。御詠歌のメンバーはあわただしく浴衣に着替え、法要が始まる直前に鉦を持ってお堂に駆け込んだ。黙々と刺身を切り続ける道子さんの横で私はフライを揚げ続けた。

「お盆なんて大嫌いよー」きっと本心ではないのだろうが、早朝から続く作業にさすがに疲れた道子さんが、よそ者の私にだけ、小さな声でつぶやく。キッチンで動き続ける女性たちの間には、戦いを乗り越えたような連帯感が生まれている。

鉦の音で法要の始まりを知り、キッチンの外に出ると、いつもは真っ暗な山中に明かりが灯り、いつの間にか浴衣やハッピを着飾ったたくさんの人が集まっている。


ボンダンスが始まった。

『ホレホレ音頭』『ハワイ音頭』『二一世紀音頭』など、聞いたことのない曲が次々と流れる。曲が変わるたびにカチっと音がして、MC担当のおじさんがカセットを止め、曲紹介をする。次の曲でまた、マイクをラジカセのスピーカーに向ける。アナログなそのシステムにも驚いたけれど、もっと驚いたのは、それぞれの曲の違う振り付けを、踊り子たちが完璧に踊りこなしていたことだ。

「せっかく来たんだから、あんたも踊りなさい」と、藤谷さんに招き入れられ、見よう見まねで踊ってみる。気がつくと道子さんもキッチンを抜け出して踊っていた。重労働から解放された私たちは、ボンダンスの渦の中で気持ちが盛り上がる。『炭坑節』『北海盆唄』『河内おとこ節』……、三〇曲以上の日本全国の盆唄が流れ、どの曲にも、みんなが一心不乱に、上手に踊っている。

途中休憩となり、食事が振る舞われる。踊り子たちが一列に並び、婦人会メンバーは、ビュッフェ形式の食事やお茶をサーブする。私も手伝って、お茶を入れたり、おにぎりを追加したり。ハマクア浄土院の白和えやきんぴらは名物らしく、この食事を楽しみに来る人たちもたくさんいるのだろう。

踊りに来ているのは日系人だけではない。地元の人や、踊ることを純粋に楽しみに来ている、ボンダンス愛好家といえる人たちなどが多数集まっている。宗教、人種を超えた、地域の祭事として愛されているようだ。

また踊りが再開され、太鼓の生演奏が始まった。最後は、歌のない太鼓だけの曲だった。くるっとまわって、ポンと手を叩く。静かなビートが繰り返される。手を叩くとき、輪になった皆が顔を見合わせる。太鼓の鼓動に身をまかせて踊り、ビートは少しずつ速く、音はだんだんと大きくなっていく。奏者たちが声を出し、最後を合わせ、ボンダンスは終わった。

4　ハワイの日系移民
Japanese Immigrants

なぜ、ハワイに日本人が移民したのだろうか。

ハワイ諸島には、遅くとも西暦八〇〇年頃にはポリネシア人が居住していたという。諸島の王たちは長きにわたり覇権を争い、権力闘争が繰り返されていた。

一七七八年にイギリス人の探検家、キャプテン・クックがハワイへ初めて来航してから、多くの欧米人がハワイへ渡った。最新の武器を彼らから調達したカメハメハ一世により、一八一〇年、ハワイ諸島は初めて統一された。カメハメハ一世の死後、アメリカ、イギリスからやってきた宣教師たちは、キリスト教の新しい思想を持ち込み、その子孫たちはパイナップルやサトウキビの大量生産を始めた。来訪者たちは、あらゆる伝染病をもたらした。太平洋の孤島、免疫のなかった先住民たちは次々と伝染病に冒され、人口の八割もの人たちが亡くなってしまった。こうした労働力の不足が、移民を必要とした。

一八六八年、日本から初めての移民がハワイへ渡った。明治元年のこの年に新政府の許可なく渡った移民を『元年者』と呼ぶ。明治維新で移民は一時休止したが、その後、王国七代目であるカラカウア王が明治天皇を訪ねて、改めて移民を依頼した。

この時王は、姪のカイウラニ王女と皇族との婚姻関係や、日本とハワイを海底ケーブルでつなぐ案など、日本主導の太平洋連邦を想定した提案をしたという。

明治天皇は丁重に断り、移民政策のみが受け入れられたが、アメリカの支配が強まる当時のハワイで、独立国の日本と強い関係を結びたかったカラカウア王の意図がうかがえる。実現していたら、ハワイと日本は連邦国となっていたかもしれず、あらゆる歴史が変わっていただろう。

ハワイ王国と明治政府の移民契約により渡った以降の移民を『官約移民』という。一八八五年に締結された移民条約が廃止されたあとも、家族を呼び寄せた『呼び寄せ移民』、『自由移民』などを含めると、一九二四年頃までに、約二二万人が日本からハワイに渡った。彼らの多くはサトウキビ農園やパイナップル農園で働いた。移民は日本からだけでなく、フィリピン、ポルトガル、中国、韓国、プエルトリコ、ノルウェーなどからもやってきた。

労働者は呼びづらい外国名の代わりに番号で呼ばれた。名前をなくしても、故郷のために、未来のために、がむしゃらに働き続けた。

やがて、ハワイで生まれた子供たちが青年となった頃、真珠湾攻撃を経て戦争が始まる。

日本人である両親のために、アメリカ人としての自分たちの未来のために、多数の二世の若者たちが志願して軍隊に入った。二世部隊として知られる第一〇〇大隊、第四四二連隊には合計約一万六〇〇〇人が在籍した。第四四二連隊はヨーロッパ戦線の壮絶な戦いで活躍し、アメリカの歴史上最も多くの勲章を受章した部隊として知られる。そこまで彼らを駆り立てたのは、敵対する日本の血を引く日系人への偏見をなくし、米国への愛国心を表明することだった。

やがて二世は労働者階級から専門職に就くことができるようになり、家や土地を手に入れた。世界のリゾートアイランドとなった今、ハワイの地価は高騰し、先祖が手に入れた土地の価値は何十倍にもなった。

戦時に中断されたボンダンスは再開された。以来、ボンダンスは仏教寺院において、苦労した先祖を弔う行事として、必ず盆法要と共に開催される。

ハワイの食堂のメニューで見かける「ミックスプレート」は、各国からの移民たちがサトウキビ畑の中で食事を分け合った名残の、少しずついろんな種類のお惣菜が食べられる定食のことだ。労働条件の向上を求めて行ったストライキの際には、お寺の食堂はコミュニティキッチンとして利用され、移民たちに炊き出しを行った。お寺は宗教施設というだけでなく、コミュニティの拠点として知られ、ボンダンスは日系移民だけのイベントではなく、地域のお祭りとして愛されるようになった。

ハワイには約九〇ヵ寺の日本仏教寺院があり、毎年夏の六月から九月の三ヵ月間の毎週末、各地で順繰りにボンダンスが開催される。寺院にとっては年に一度の基金募集の大きなイベントであり、同じ地域の寺院では宗派を超えて準備を手伝い、協力し合う。仏教徒ではないが民謡を習っている踊りの会の人たちや、ただボンダンスが好きで、夏はすべてのボンダンスに行くことを楽しんでいる若者たちもいる。

ハマクア浄土院で初めてハワイのボンダンスに参加して以来、いつかハワイのすべてのボンダンスを体験したいと、私は毎年夏にハワイに通うようになった。各寺院でさまざまな特徴があるが、ボンダンスは移民である自分たちのルーツを表す文化であり、若者たちが率先して浴衣を着こなし、三〇曲を超える全国各地の盆唄を踊る姿は壮観だ。

日本人が移民した六つの島、カウアイ、オアフ、マウイ、モロカイ、ラナイ、ハワイの各島で毎週末行われているボンダンス、一度行くともう一度行きたくなるボンダンスも多く、全制覇への道のりはなかなか遠いが、いつか、すべてのボンダンスに行って、踊ってみたいと思う。

5 ポノスタジオ
Kapaa, Kauai

ハマクア浄土院のおばあちゃんたちとボンダンスにすっかり魅せられ、墓地探しをも決意した私は、なんとかハワイ通いができるようにと、雑誌「ecocolo」にハワイ文化についての連載を提案した。ニックさんをはじめ、ハワイで出会った方たちの助けを借りて書いた企画書で隔月連載が決まり、ハマクア浄土院の墓地の名簿をつくっていたライターの星野奈央子さんが文章、私が写真を担当し、年に一、二回、まとめ

Funeral Service for Tomo Ebesu, Kapaa, Hawaii 1965

て取材する条件でハワイに行けるようになった。こうして、ハワイに仕事を作り、仕事の前後に自分の取材をする、という方法で、私はハワイに通い始めた。

二〇〇八年五月、「ecocolo」連載取材のため、初めてカウアイ島を訪ねた。カウアイには安宿がなかなかなく、ようやく見つけた手頃なバケーションレンタルの家は、かつてポノスタジオという写真館を経営していた日系人の家だった。

私が写真家だと名乗ると、宿の主は、見せたいものがある、と奥から箱を持ってきた。箱には、たくさんのモノクロ写真と、巻物のようなロール状の写真がいくつもある。一つ取り出して広げると、ひび割れながらも肉厚な繊維質のバライタ印画紙に、棺を囲んだ葬儀の参列者が並んでいる。高さ二〇センチ、幅一メートルほどの写真に、一〇〇人はいるだろうか。写真の下には、一九五六年の日付と、

棺に眠る死者の名前であろう、Tomo Ebesu、右下には、Pono Studio、カウアイ島カパアとある。

宿主がこの家を買ったとき、このようなパノラマ写真の詰まった箱が、あちこちに残されていたという。

パノラマ写真は、どれも葬儀のものだった。大判フィルムで撮影したとしても、引き伸ばしてこんな横長の比率にトリミングしたのではあり得ない解像度がある。日本語の読めない宿主は、興味があるなら写真をすべて持って行っていい、と、箱ごと私に渡そうとした。多数の顔が写る写真の箱、その責任を抱えきれない気がして、ハワイ島への旅をそのあとに控えていたことを理由に、最初に手にとった巻物を一枚だけ、もらっていくことにした。

帰国後、アンティークカメラに詳しい人に会う機会があるたび、写真を見てもらったが、どんなカメラを使ってどのように撮ったのか、わかる人はいなかった。あちこち聞いて回ったが、全く情報がなく、そのうち、写真のことは忘れてしまっていた。

またその写真のことを思い出したのは、二〇一一年の春だった。福島第一原発が爆発した数日後、外苑東通りを歩いていて、青山斎場に向かう喪服姿の人たちとすれ違ったとき、突然あの横長の写真に写る人たちの顔が頭に浮かんできたのだった。棺に入っているのは、日本から海を渡った一世だろう。その最期を見送るために集まった人たちもまた、新天地ハワイへ移民した仲間と、その子孫たち。強い意志と骨格を持ったその顔は、日焼けして浅黒く、目がギラギラしている。その鋭い眼光が並んで、私をじっと見つめているような気がした。いま、明日、何をどうしたいのか自分で決断し、行動しなくてはいけない、あの爆発直後の混沌とした時間の中、浮かんできた顔、顔、顔……。同じ日本の血をひく私は今、どんな顔をしているだろうか。

もう一度、この写真のことを、ちゃんと調べてみようと考えた。

二〇一一年五月、私はホノルルにある日本文化センターを訪ねた。リソースセンターには、たくさんの写真資料がある。いつもハワイの旅の最後にあわただしく立ち寄っては時間切れとなり、いつか長期滞在して、資料をじっくり見てみたいとかねてから思っていたのだ。ここに来れば、きっと何かわかるだろう。今回はハワイでの撮影の仕事はそう都合よく入らなかった。自分の取材のためだけにエアチケットを買うのに少し躊躇したが、そうしないと何も始まらないだろう、と決意した。近くにはハワイ大学マノア校があり、学生向けの安い下宿を見つけることができた。三週間マノアに滞在し、バスでセンターに通い、デジタルアーカイブ作成のボランティアをすることになった。

センターには、パノラマ写真がたくさん保管されていた。葬儀のもの、お寺の青年会や婦人会の会合のもの、日本語学校の卒業記念、県人会ピクニック、厄年を祝って払う厄年パーティ、野球大会、相撲大会など……。あらゆる集合写真があったが、いちばん多いのはやはり葬儀の写真だった。ナンバリングされ、丸まって箱に入っていたが、その長さのため、デジタル化されずにいた。私の仕事は、写真を広げてアーカイブボードで挟み、たくさんの本で重石《おもし》をしてカールがついた写真を伸ばし、スキャンすることから始まった。スキャンした写真のデータをフォトショップでつなぎ、一枚のパノラマ写真のデータに仕上げる。写真の右端か左端には、写真スタジオの名前が小さく書かれている。森田写真館、パラダイス・フォト、ナガミネ・フォトスタジオ……。たくさんの日系の写真館があり、いずれもパノラマ集合写真を撮影していた。

もっとも多いのは葬儀の写真だが、仏教青年会の催事や日本語学校の卒業記念、相撲大会や厄年パーティのものもある。記念に撮られたそれらには日時の記録が必ずある。センターにあるいちばん古い写真は一九一二年。そして、一九七〇年代まではこの習慣があったようだ。

センターを支えている高齢のボランティアたちや、先祖の記録を求めて訪ねてくる日系人たちにも、葬儀の写真撮影について話を聞いた。寺院での葬儀法要の後、外に出て、カメラを囲んで円を作り、カメラが回転して撮影が行われたという。これが催事の一部に含まれていて、法要、撮影、食事というプログラムだったそうだ。

センターが休みの日、近辺のフォトスタジオを巡ってみることにした。この一帯はかつて日系人街で、商店やレストランなど、日系の名前の看板が多い。何かわかるかもしれないと電話帳からフォトスタジオをリストアップして訪ねた二軒目、店主がカメラの名前を教えてくれた。コダック・サーカットという。祖父が使っていたけれど、もう処分してしまった、と彼は言う。カメラを探していると言うと、一度、アロハスタジアムのフリーマーケットで売られているのを見たことがあるけれど、もう何年も前の話だ、とあまり興味がなさそうに言った。壁には彼の仕事である、デジタルデータをインクジェットで出力したプリントが飾ってある。

カメラの名前がわかって、ようやく検索キーワードを得ることができた。ネットにはカメラの情報がたくさんあり、サーカットで撮影を続けるオハイオ在住の写真家のサイトもあった。

コダック・サーカットは、機械式カメラがゼンマイで回転しながらフィルムも回転し、三六〇度、一枚の繋がったネガで撮影することができる。#5、#6、#8、#10、#16と、使用フィルムのインチ幅の番号を名称とした五種類の大きさのカメラがある。プリントはネガを直接印画紙に密着させて焼き付ける、密着焼き、コンタクトプリントと呼ばれるもので、写真の大きさがフィルムの大きさそのものとなる。だからあんなにシャープな写真だったのだ。被写体が輪になり、ロール状の大判フィルムが回転して撮影するので、横に長くとも周辺が歪むことなく、参列者一人一人を克明に記録する、高解像度の写真となるのである。カメラは緻密な作りで、ものづくりへの情熱から生まれたような機械だ。

米軍の集合写真や、中西部の炭鉱の労働者の記録写真が写真集にまとめられているものもある。すぐ注文すれば帰国前に受け取れそうだったので、さっそく購入した。

しかし葬儀の集合写真の撮影をしていたのは、日系人だけだ。当時も高価であっただろう、パノラマ撮影を葬儀の習慣としていたのは、死に際して一族が集まること、それを記録することが、そのフィルムの大きさに匹敵する、いやそれ以上の大事であったのではないだろうか。

どうやって撮影したかがやっとわかったところで、やはり何としても、カメラの現物を見つけたい、そして撮影してみたいと思う。ハワイのどこかに、きっとまだサーカットがあるはずなのだ。

6　曽祖父の太鼓
Great Grandfather's Drum

日本文化センターでパノラマ写真を毎日スキャンしていた二〇一一年五月、ドキュメンタリー映画『Great Grandfather's Drum』（１００年の鼓動—ハワイに渡った福島太鼓—）がＰＢＳ（アメリカの非営利公共放送）で放送された。同時に発売になったＤＶＤを買い求め、マノアの下宿で見た。

映画は、ハワイの盆唄『フクシマオンド』を伝承するマウイ太鼓を語り部に、ハワイ日系人の近代史を描いていた。マウイ太鼓の代表、ケイ・フクモトの曽祖父は福島出身で、太鼓を持ってハワイにやってきた。サトウキビ農園で働きながら、重労働の日々の憩いに、キャンプの中で同郷の仲間たちとボンダンスを始める。正月、ひな祭り、端午の節句、盆、七五三など、今でもハワイで行われる風習は、日本から伝わったものだ。やがて真珠湾攻撃に端を発した太平洋戦争が始まると、敵国の文化となってしまった習慣は控えざるを得なくなった。

人形や民芸品、故郷の写真が、スパイ容疑を恐れた日系人自らの手で燃やされた。ハワイで生まれた二世の若者たちが志願して編成された第四四二連隊、その退役軍人たちが、ドイツ軍に包囲され孤立していたテキサス大隊二一一名を救出するために、八〇〇名の死傷者という多大な犠牲を払い戦った、ヨーロッパ戦線について語る。生き長らえ帰国した者は、下級市民から一躍、米国民のヒーローとなって熱狂的な歓迎を受けた。トルーマン大統領は『諸君は敵のみならず、偏見とも戦い勝利した』と日系部隊を讃えた。

二世たちによって、戦後日系人の地位は向上した。退役した彼らは、GI法案（除隊兵の奨学金制度）によって大学に進学できるようになり、弁護士、医師などの専門職、政治家など、さまざまな分野で活躍していく。彼らのおかげで、祭りや盆踊りなどの伝統文化も再開することができた。

マウイ太鼓が二〇〇八年に福島市の民家園を訪問するシーンがある。代表のケイ・フクモトは、ここに移築された母方の実家を案内しながら、若いメンバーたちに言う。「当時は家の電話も携帯電話もなかったから、家族に別れを告げたら次にいつ会えるか、または一生会えないかも……。ハワイに行くのは仕送りするのが目的で、(移民したら)家族の消息もわからない。彼らが苦労したからいまの恵まれている私たちがある」

ケイの息子、高校生のミッシェルは五世になる。日本語は話せず、現代のアメリカの若者といった風情だが、彼をはじめ、出演する若い日系人たちが、自分につながる先祖がどこから来て、いかなる苦労をしたかを語る。

ラストシーン、サトウキビ畑の中でフクシマオンドを歌う彼らは、自分がどこから来たのかを明確に知っていまここに立っている、そんな頼もしさがあった。

帰国後、フクシマオンドに似た福島の盆唄を探した。各地の盆唄を聞いてみると、よく似ているのが『相馬盆唄』、そのルーツは、福島県浜通り地区の相馬郡、双葉郡、福島市北部に分布する。

日本文化センターでのリサーチから帰国した後、南相馬市から山形県に避難している人たちへの支援活動をしていた松本彩子さんに誘われ、彼女が避難者の方たちと滞在している、南陽市の温泉旅館を訪ねた。フクシマオンドと相馬盆唄のつながりを知りたかった私は、盆唄について教えてください、と、相馬盆唄のCDをかけた。旅館のロビーで私のマックブックから盆唄が流れ出した瞬間、一人のおじいさんが踊り出した。音を聞いて集まってきた人たちも次々に踊り出し、宿の人に、どうぞ宴会場でやってください、と案内された。

いつの間にか若い女の子も集まってきて踊り出す。私も見よう見まねで踊りを教わる。何度も繰り返し、踊る人たちの顔は笑顔だった。

「久しぶりに体動かして、楽しかったわー。」

踊り疲れて、畳に座り、誰からともなく、「そういえば、野馬追はどうすんだべかー」と言う。

毎年七月末に行われる、相馬郡、双葉郡七町村で三日間に亘って開催される祭事『相馬野馬追』についての話が始まった。「原町の祭場の線量が高すぎて、今年はやらないって話だ」「いや、野馬追は神事だから、絶対にやるって聞いたよ」

四〇〇頭以上の馬が集まる、日本最大の馬の祭事である相馬野馬追が終わると、盆の準備が始まる。盆踊りが終わって、稲刈りが終わると、お彼岸があって、秋祭り。そうやって営みが繰り返された故郷に、続いていく暮らしがあったはずだったのだ。

かつて同じ故郷を離れ、ハワイへ渡った人が伝えた盆唄が、一〇〇年を経ても受け継がれていることを、こうして避難している人たちに、伝えられないだろうか。戦争で失われた盆唄を、彼らはのちに取り戻し、今では人種を超えて、たくさんの人に愛されているハワイの盆唄。なんの役に立つのかわからないけれど、私は伝えたい、とこの時思った。

7 マウイ太鼓
Maui Taiko

二〇一一年七月、私はマウイ太鼓に会いに、マウイ島へ向かった。

カフルイ空港に降りると、正午の直射光がどこもかしこも均等に照らし、溢れる真白の光で視界の境界が滲んでいく。

日本文化センターから聞いたマウイ太鼓代表のケイさんの番号に電話して、到着したことを伝えると、今夜の太鼓の稽古場に見学に来ませんかと誘われた。

レンタカーを借りて、そのままハレアカラに登った。標高三〇五五メートルの山頂まで車で行けてしまうのだ。新しい島では、まず運転してみて、いちばん高い山に登って、そして海で泳ぐと、なんとなく島のことがわかり始める気がする。高度が高くなり、風景が変わってくると頭がすっきりとしてくる。赤土のクレーターと眼下の雲海を見ながら、マウイ島を一望すると、いま地球のどこにいるのかが感じられる。

その日の夜、カフルイ・コミュニティ・センターでは、二〇名ほどのメンバーが、水道管のパイプにテープを貼って自作した太鼓で練習していた。映画に出て来た子供たちが、いつの間にか大きくなって、裸足で太鼓を打っている。

マウイ太鼓の若いメンバーをはじめ、子供たちに日系移民史を伝えるには、映画にすることがいちばん興味を惹くだろう、と考えたケイさんは、監督のカル・ルイン夫妻と制作を計画したという。およそ五年の歳月をかけ、二〇一一年一月に映画は完成した。

ケイさんの曽祖父は、福島県旧信夫《しのぶ》郡佐倉村、現在の福島市上名倉《かみなぐら》からマウイへやってきた。ハワイ生まれの三世の父は、同じく佐倉の親戚の紹介で、ケイさんの母、綾子さんと結婚した。日本から来た母に育てられたケイさんは、福島をいつも身近に感じていたという。

信夫郡と伊達郡（現伊達市）一帯からやってきた一世たちが、サトウキビ畑の中で盆踊りをはじめた。子供の頃、パイア満徳寺で祖父たちの太鼓の練習に交わり、太鼓を打ち始めた。祖父たちは盆踊りでしか演奏しなかったが、ケイさんは盆唄以外にも、創作曲を演奏する太鼓団体を作りたいと願い、一九九八年にマウイ太鼓を立ち上げた。いまでは、四〇名ほどのメンバーがいる。

フクシマオンドのこと、マウイ太鼓のことを知りたい、と思って訪ねて来た、と私は言った。今年の夏、福島で歌われなかった盆唄が、かつてハワイに渡り、こんなにたくさんの人に親しまれているということを、いま避難している人たちに伝えられないだろうか、と考えている、と。

ケイさんは、突然の話に少し困惑しているようだった。週末のボンダンスでまた会

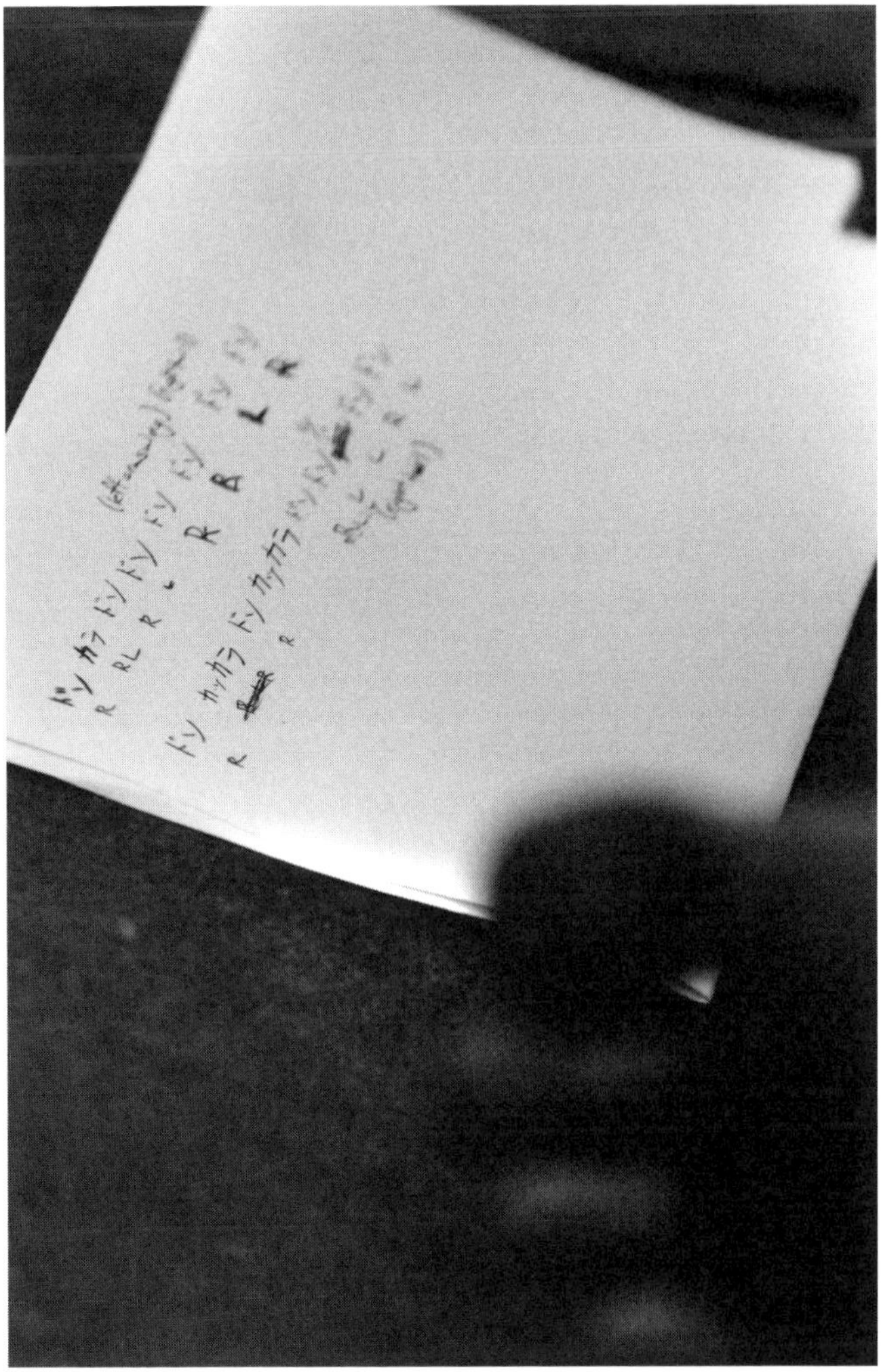

うことを約束して、その日は別れた。

二〇一一年の夏、マウイでは、東日本大震災のニュースに心を痛めていたマウイの有志たちにより、「アロハ・イニシアティブ」というプログラムが行われていた。

マウイ副市長レーガン夫妻、カフルイ本願寺の曽我大円師などが中心となって企業などに呼びかけて寄付を募り、東北から被災者の方たちをマウイに招待し、ビザなしで滞在できる最長三ヵ月間、ホームステイでもてなすというプログラムだった。参加を希望した約一〇〇名が東北から招待され、ケイさんもホストファミリーとして、南相馬の家族に自宅を提供していた。

スキューバ体験や太鼓のワークショップ、バーベキューやフラダンスのクラスなど、毎日至れり尽くせりの行事が開催されていた。私にとっては、震災後の東北の人たちと接する初めての機会だった。

マウイ最後の夜、ワイルク本願寺のボンダンスで、双葉郡から来ていた中高生たちと出会った。浴衣姿のマウイの人たちの息の合った踊りに驚きながらも、はにかんで踊りに加わることはせず、楽しそうにかき氷を食べていた。

マウイ太鼓がやぐらに上り、フクシマオンドが始まった。すると隅にいた双葉の中高生たちが、顔を見合わせ、え？　あ？　知ってる！　と言って立ち上がり、輪に加わって踊り出した。

「間違えた、踊りちょっと違うね」「ちょっとテンポ早いよー」思いがけず体が動き出し、笑いが止まらないようだった。

ハワイのボンダンスで踊るその中高生たちの姿は、なんだかとても強烈だった。唄を聞いたら体が踊り出す、そんな唄が、十代の彼らの中に確かに在るということ。その唄が一〇〇年以上前に福島からハワイへやってきたこと。それを証明している彼らの肉体は、まるでへその緒で土地とつながっているようだった。

その夜遅く、マウイ太鼓はもう一度フクシマオンドを演奏した。中高生たちはまた輪に加わり、今度は完璧に踊りこなした。私も彼らの後ろについて、一緒に踊った。

彼らを引率して来ていた双葉郡のＮＰＯ、ハッピーロードネット代表の西本由美子さんと朝田英洋さんに、地元の盆唄のことを聞いた。彼らが踊る盆唄と、フクシマオンドはよく似ている。息子さんが太鼓をやっているという西本さんは、学生たちの楽しそうな姿に喜んでいた。川俣町から来たという女の子は、「今年は盆踊りができなかったからここで踊れてよかった」と息を切らしていた。

「マウイ太鼓が福島に来て演奏してくれないかな。映画の上映と、演奏のツアーをやれたらいいなあ」

東京出身の私には、「私の盆唄」はない。さっきまでの子供たちの姿をまぶしく感じ、山形で会った避難者の方たちの姿も浮かんでくる。フクシマオンドが福島に里帰りして、盆踊りができたら……。そんなことが思い浮かんだ。

「それ、いいじゃない！　うちの息子の太鼓を使えばいいのよ」と、西本さんに背中をバーンと（文字通り）叩かれた。

「会社のバスがあるから、俺が運転手やりますよ」と朝田さんも後押しするように言う。

太鼓があって、バスもある、と聞いて、とたんに具体的な映像が思い浮かんでしまった。イメージできることは、叶えられるはず。頭の中では、もうツアーが始まっていた。

帰国前に、ケイさんにもう一度会いにいった。マウイ太鼓が、福島に来ることを考えてもらえないだろうか、西本さんと朝田さんが、協力を約束してくれた、と。ケイさんも、ボンダンスで踊り出した福島の子供たちの姿を見て、私が言っていることを理解してくれた。とは言え、資金の問題もあるし、みんなで話してみる、とだけ言った。

ハワイに滞在中、山形で避難者支援をしていた松本彩子さんから、映画がさまざまな人たちの手に渡り、山形国際ドキュメンタリー映画祭での上映が決まった。松本さんを通して知り合った、作家の髙山文彦氏が、『１００年の鼓動―ハワイに渡った福島太鼓―』という日本語タイトルを考えてくださり、アートディレクターの石塚静夫氏が題字の書を書いてくださった。ハワイアン航空の機内上映作品にも決まり、日本語字幕も作成されることになった。

福島県での上映もやがて叶うこととなった。

いわき市出身の音楽家、ASA-CHANGが、新盆の鎮魂行事であるじゃんがら念仏踊りの太鼓に挑戦するという取材で撮影する機会があり、映画を見てほしい、と彼にDVDを渡したのがきっかけだった。映画を見てすぐ、連絡をくれて、「僕がこの映画を、福島の人たちに見せたい」と言ってくれた。

ASA-CHANG主宰、プロジェクト「FUKUSHIMA! IWAKI!!」のイベントとして、二〇一二年二月、いわきアリオスにて上映会が開催された。

上映後、ASA-CHANGと、映画『フラガール』に出演している女優の池津祥子さんと私で、トークショーをした。質疑応答での観客の言葉は、いまでも忘れられない。震災の映像が見たくなくてニュースも見ないでいたのに、真珠湾攻撃の爆発のシーンは原発の爆発にしか見えない、夢のような暮らしがあると政府にだまされてハワイへ行った日系人と今の福島は同じに見える、など……。それらは、震災からまだ一年に満たない当時の、いわきの人たちの生の声だった。

8 ナガミネ・フォトスタジオ Nagamine Photo Studio

ホノルルで連載の取材を終え、友人とカフェのテラスにいたある日、黒いスーツの日本人男性に声をかけられた。テーブルの上の、私の携帯電話を指差して、とても丁寧に、申し訳ないのですが、電話を貸していただけないでしょうかと尋ねてきた。アロハシャツがフォーマルウエアであるハワイで、スーツ姿の人に会うことも珍しい。ハワイでスーツを着るのは裁判に出頭する時、とは、あながち冗談でもないのだ。ハワイでも日本と同じく、公衆電話を見つけるのは難しくなった。何かお困りなのではと、電話を差し出すと、紳士はどこかに電話をかけて、「あの、終わりましたので、お願いいたします」、と、電話の相手に丁重に迎えを頼んだ。

紳士の迎えが来るまで、世間話がてら、雑誌の取材で日本から来たこと、個人的には日系人の方たちを訪ねて撮影していることなどを話した。ひとかどの、只者ではない気配を携えた方だった。紳士は、ああそうですか、それはそれは……、と私に名刺を下さった。「ハワイ浄土宗総監　ラハイナ浄土院　原源照」と書かれていた。

ああ、あの！　大仏さまのある、ラハイナ浄土院の……！　ハワイ島ではいつもハマクア浄土院でお世話になっています。いつか、ラハイナのお盆に行きたいと思っています。そんな話をしたのが、ラハイナ浄土院の住職、原源照師との出会いだった。映画『100年の鼓動』は、ラハイナ浄土院のボンダンスで、マウイ太鼓が準備しているシーンから始まる。念願のラハイナのボンダンスを訪ねれば、マウイ太鼓にも会えるのだと知り、マウイへの旅を決めたのだった。

ラハイナ浄土院を訪ねると、原先生は私のことを覚えてくれていた。当時でもハワイ在住四〇年を超え、ずっとこのお寺で日系人にご奉仕をして来られた原先生は、パ

Toshi Tasaka氏の葬儀 於ラハイナ浄土院 1973

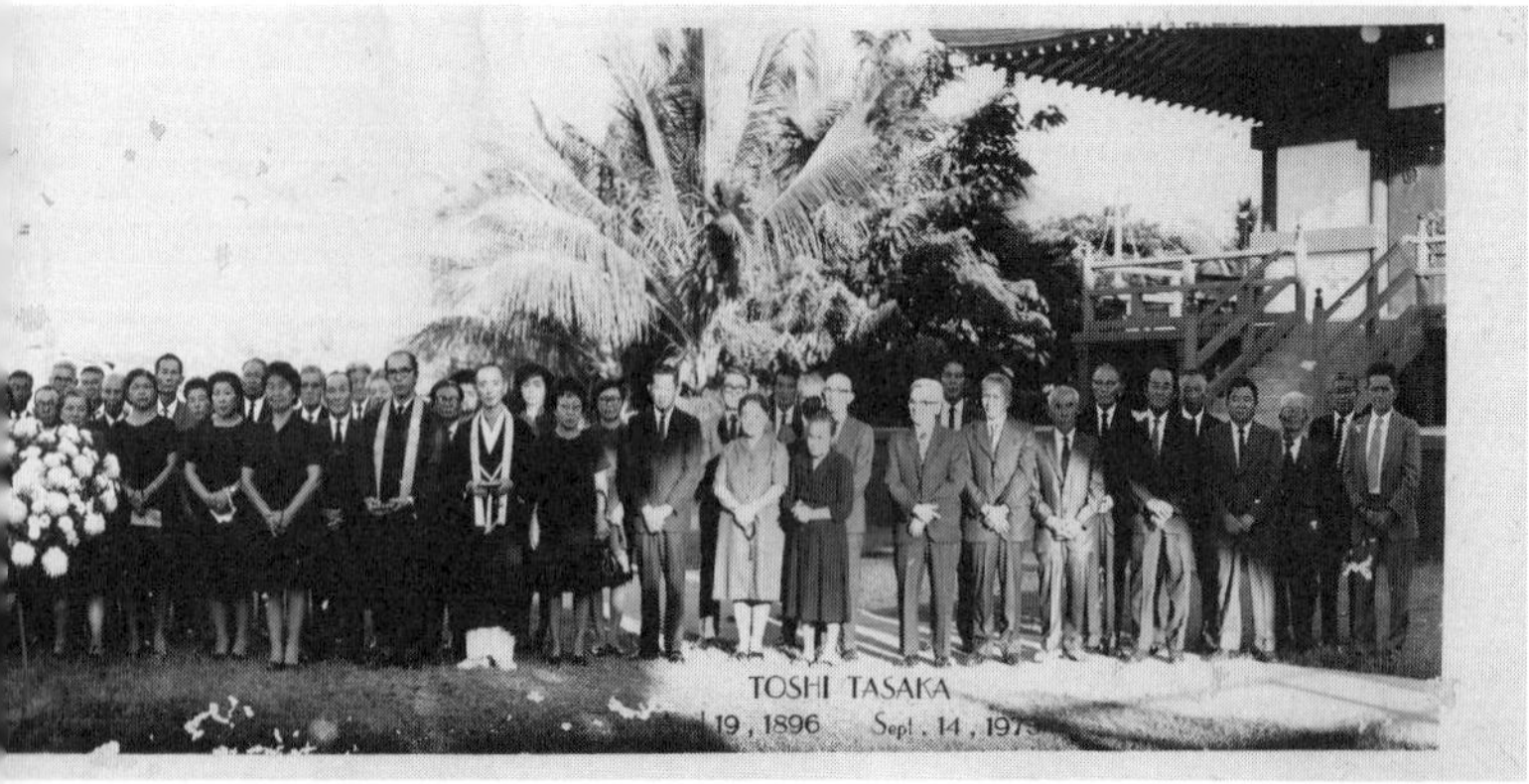

ノラマ写真のことを尋ねると、昔は必ず撮影したものでした、とラハイナ浄土院で執り行われた葬儀の写真を見せてくださった。若き日の原先生がご遺族と共に写っていて、ナガミネ・フォトスタジオのサインが入っている。

「このカメラを探しているんです」と言うと、「この写真を撮ったハロルド・ナガミネさんのお孫さんのリックさんがスタジオを継いでいますから相談してみたらどうでしょうか。きっとリックさんならまだ持っていらっしゃるでしょう。ご紹介しますよ」と言ってその場で電話をかけてくれた。

ナガミネ・フォトスタジオは一九三〇年、ラハイナのフロンストトリートに開業した。ラハイナ浄土院の撮影は、いつもナガミネ・フォトスタジオに依頼していたそうだ。今はワイルクに移転したスタジオを訪ねると、リックさん

はコダック・サーカットをオフィスに出して待ってくれていた。

「君がサーカットで撮影したいというクレイジーガール？　祖父の撮影を手伝ったのを覚えているよ」

リックさんはニコニコしながらサーカットを見せてくれた。

目の前に、ずっと探していたカメラ、コダック・サーカットがあった。

大きな箱型のカメラは、二つに分かれている。エイトバイテンの大判カメラの後ろに、フィルムボックスを取り付ける。ボックスの中にはシリンダーがあり、ゼンマイと繋がっている。カメラを載せる雲台は円盤状になっていて、その側面にはギザギザがある。フィルムボックスのゼンマイは下部のギアに繋がれ、ギアと雲台のギザギザを嚙ませる。ゼンマイを巻き、その動力で、カメラと、同時に中のフィルムが回転する。回転が始まると同時に、フィルムボックスの中央にある約二センチの幅のスリットが開き、回転を止めるとスリットは閉じる。これがシャッターなのだ。回転させている間は露光が続き、三六〇度回転しながら一枚のイメージを写すことができる。

参列者全員にピントを合わせ、同じ大きさに写すためには、カメラから等距離、カメラを中心にした円状に並んでもらう必要がある。メジャーとチョークを使って、コンパスのように円を描くのがリックさんの仕事だったそうだ。

でも残念ながら、カメラは動かない。もうだいぶ前から、ゼンマイを巻いても動かなくなったそうだ。

なんとか直して、撮影してみたい。ようやく出会えたサーカットを目の前に、私は前のめりになっていた。

「このカメラを、売っていただけないでしょうか」

YES、買います、と即答できる言い値を期待した。

リックさんは笑って、

「これは祖父の思い出だから、売りたくはない。だけど、君がこれを直して使いたいなら、持って行っていいよ」

リックさんはカメラをさっと持ち上げて、はい、と私に渡した。ちょっと予想外の展開だった。

「え？　お借りしていいとのことでしょうか？　では、借用書か何か、一筆書きますか？」

ここはアメリカだし、何がしかの書類を用意して出直さなければいけないのではと思った。リックさんは遮って、

「いや、必要ないよ。原先生の紹介だし、君はケイの友達なんでしょ。写真が撮れたらぜひ持って来てね。いつか日本で写真展をやってね、見に行くから」

こうして、思いがけず、ずっと探していたサーカットに出会い、そして実にあっさりと、日本に持って帰れることになったのだった。少なくとも日本では、おそらく誰も使っていないであろうカメラを、いま私が手にいれたのだ。

ちょっと面食らいながら、リックさんに何度もお礼を言って、レンタカーにカメラを積んで、とりあえずどうしていいかわからず、イアオ渓谷までドライブした。

ハワイの日系人という存在にとてつもなく惹かれ、出会ったものを撮り続けてきた。ボンダンスはもちろん、ハマクア浄土院で出会った二世のおばあちゃんたちをはじめ、

二世のポートレート、インタビューなど、どうまとめるのかのビジョンもなく、ただ追いかけ撮り続けてきた。ハワイに通い初めて三年目だったか、同じく二世をテーマに撮影を続けるブライアン・サトウという日系人写真家の個展のニュースを見て、ハワイ在住の日系人である彼の仕事に、撮る理由もフットワークも量も、きっと勝てないだろうとうちのめされた。

　二世の方はみな魅力的な顔をしていて、出会う機会があれば撮影は続けたが、二世のポートレートだけをまとめることは諦めた。ブライアンとはその後、原先生の紹介で知り合い、良き友人となった。丁寧なモノクロプリントの作品は、彼の実直な人柄を表している。彼がその後、新宿、大阪ニコンサロンで二世を撮影したシリーズ『ごくろうさま――ハワイの日系二世』を出展し、年度賞である伊奈信男賞を受賞したときは、本人もびっくりしていたけれど、私はブライアンを誇らしく思い、とても嬉しかった。

　自分はブライアンとも誰とも違うことで、ハワイ日系人のことを伝えられないだろうかと考えていた。明確な答えが見つからないまま、ハワイ各地のボンダンスを追いかけていた。やがてフクシマオンドから現在の福島につながり、フクシマオンドのルーツにつながるマウイ太鼓に会いにマウイに来て、このサーカットと出会えたのだ。

戦士たちの精霊がいるというイアオ渓谷は、いつも霧がかかっていて、冷んやりとしている。少し頭を冷やしたら、太陽にあたりたくなって、ワイエフビーチまで車で走らせた。誰もいないゴルフ場の駐車場の木の影が黒く濃くまっすに伸びている。すぐに暑くなって、窓を開ける。

出会ってしまったこのサーカットを、なんとか動かさなくては。日系人が死者への弔いを記録した、このカメラを動かして、私にしかできないことが、きっとあるはずなのだ。

9　マウイ太鼓アロハツアー
Maui Taiko Aloha Tour 2012

二〇一二年六月一五日、来日した一二名のマウイ太鼓のメンバーと共に、福島駅に着いた。

西本由美子さんと朝田英洋さんとは、一年ぶりの再会だった。朝田さんは約束通り、経営する結婚式場のバスで迎えに来てくれて、私たちのドライバーとして、全行程に帯同してくれる。マウイ太鼓アロハツアーと銘打たれた一週間に、六ヵ所での公演や映画上映イベントを控えていた。

いわきのスパリゾートハワイアンズ、三春町まほら、郡山開成学園、避難者の多い山形県米沢市での太鼓フェスティバル『響』出演と避難所での映画上映と盆踊りのイベント、最後に、磐梯熱海でのふくしま太鼓フェスティバルへの出演。すべて、各地のたくさんの方々の協力があって実現したものだ。

南相馬の避難者を支援していた松本さんから紹介された南相馬の相馬野馬追太鼓の

吉田晴美さんが、福島県太鼓連盟に話をしてくれて、ふくしま太鼓フェスティバルへの出演が決まったのだった。連盟主催の観客二〇〇〇人規模のコンサートに出演できるということが、マウイ太鼓のモチベーションとなり、一二名ものメンバーが自費での来日を決意してくれた。マウイ太鼓と旧知の、カフルイ本願寺の曽我大円師がマウイ太鼓とともに来てくださったのも心強かった。一二名の通訳は私一人では心配だったし、ステージでは、ＭＣの役割に慣れた曽我師がとても頼りになった。

日本に行くことに決めた、とマウイ太鼓のケイさんから連絡をもらったとき、嬉しさと同時に、本当にできるのだろうか、という不安でいっぱいになった。勢いで、日本に来てほしいと言ってしまったけれど、私にはツアーのコーディネイトもアテンドの経験もない。

とにかく、この計画を会う人会う人に話し続け、たくさんの方からの助けを得て、なんとか、こんな盛りだくさんのツアー行程を組むことができた。

公演の合間に、津波で流されてしまった吉田晴美さんの実家を訪問した。漁業を営んでいた吉田家は、相馬市の港のすぐ近くに、津波が襲った後のそのままの姿で残っていた。津波がくると予測した吉田さんの兄は、家族に高台に逃げるように言って、船を沖へ出した。戻ってから避難所を探したが、妻と母は帰らなかった。

ツアー最年少のメンバー、高校生のクリステンは、吉田家に入ってから一言も口をきかず、庭に立ったときも、空を眺めたり海の方向を見て、呆然としていた。地震のみならず、洪水、ハリケーン、火山の溶岩流など、さまざまな自然災害と常に隣り合わせの太平洋の孤島ハワイで暮らしている彼らにとって、目の前のことは決して他人事ではない。津波の痕跡を初めて目にした面々は、言葉を失っていた。

その後、相馬野馬追太鼓の稽古場で、相馬のメンバーたちと合流した。稽古場は、最近まで警戒区域だった小高地区との境のすぐ近くにある。初めて訪問したときには、警戒地域のゲートである赤いランプが窓から見えていた。

マウイ太鼓と一緒に演奏したいという吉田さんから、相馬野馬追太鼓の曲『東雲』を習った。相馬野馬追の際に演奏される一曲目、野馬追の日の明け方、逸る気持ちとともに目覚め、海を眺めている様を、静かに始まり、出陣の決意に奮い立つ鼓動を太鼓で表現している曲だ。相馬、双葉の七ヵ所で三日間開催される『相馬野馬追』。昨年（二〇一一年）は祭場の線量が高く、縮小した形でしか開催することができなかったが、今年は完全復活に向け、練習に勤しんでいるという。

マウイ太鼓は飲み込みが早く、野馬追太鼓と息も合い、すぐに一緒に演奏できるようになった。

「避難地域である南側、そしてその先にあるハワイへ向かって演奏したい」と吉田さんが言って、一同は南側の窓に向き直り、『東雲』をともに演奏した。

そのあと、マウイ太鼓が『HANJIMONO』という曲を披露した。判じ物、とは、手ぬぐいの「かまわぬ」の柄など、絵から謎を解く、江戸時代の遊びのことなのだが、作曲者のブライアン・ナガミによると、英和辞書で「パズル」の項目にあった、ハンジモノという音が気に入っててタイトルにしたという。さまざまな太鼓のリズムがパズルのように絡み合い、ハワイの人々、各国からの移民のアイデンティティを表しているような、ビッグバンドを彷彿とさせるような楽しい曲だ。何度も聞いた曲だけれど、この時のハンジモノは素晴らしかった。


ケイさんはバスの中でふと私に、「あなたのレガシーは何?」と聞いた。Legacy〈遺産〉、「何を後世に残していくつもりで生きているのか」、という質問だと理解した後でも、そんなことは考えたことがない、と答えるしかなかった。

最終日の大舞台、ふくしま太鼓フェスティバルでは、二〇〇〇人の観客を前にして、メンバーは緊張の面持ちだった。太鼓を打つメンバーの顔を見ながら、彼ら一人一人の先祖は、ハワイでどんな人生を送ったのだろうかと考えた。

「フクシマオンド」が始まると、観客席から手拍子が起こった。マウイのボンダンスで踊り出した、双葉の子供たちを思い出す。きっとこの日演奏された曲で唯一、会場のすべての人たちが知る曲であったかもしれない。


終演後、マウイ太鼓を歓迎して、県内の太鼓団体との交流会が開催された。太鼓が並んだ夕食会の会場では、即興セッションが始まり、いつしか盆唄が始まった。会津磐梯山、相馬盆歌、フクシマオンドと、福島の盆唄が次々と奏でられ、宴会場で輪になって盆踊りとなった。何本も一升瓶が空になり、本当に楽しいひとときだった。

今日の盆唄にたどり着くまで、どれだけの人たちがこれらの唄を歌い継いできたのだろう。ハワイへ渡った唄に出会い、その縁に導かれて、私はいま福島にいる。

おどり

Amsterdam
ぼ

OKABE
HONDA

彼岸御和讃

盆ダンスクラブ

ホノルル福島

BON 盆
踊

大黒
恵比須

第２章　福島へ

To Fukushima

1　三春町

Miharu, Fukushima

二〇一二年のマウイ太鼓アロハツアーでは、各訪問先の太鼓団体との共演を企画した。地元の方たちと交流することがツアーの目的だったし、そうすることで太鼓を借りることもできた。忙しい行程で、宿泊せずに移動しなくてはいけないことも多かったが、各地で宴席を用意してくださり、太鼓奏者同士の交流は、つかの間でも有意義な時間だった。その土地で奏でられるのはその風土のことで、酒を酌み交わす間、私は演奏された曲が何を描いたものかを聞いて、メモを取った。

三春町の中町若連太鼓保存会による、秋祭りのための数曲は、ちょっと変わっていて印象に残った。

三春では、祭りの時に花車《だし》がでる。山車、と書くところが多いが、三春の中町だけは花車である。共演した中町若連の花車は昔のものを復刻した巨大なもので、車輪の上の舞台に太鼓奏者や演者が立ち、町中に花車が引かれる。ところどころで立ち止まり、自宅や店舗の二階から、花車の舞台を楽しむ人もいるという。

演奏された四曲は、花車を引いて移動する時のお囃子《はやし》、花車が止まった時のお囃子、演者を待っている時のお囃子、幕が上がる時のお囃子、再び花車が動き出すときのお囃子と、だんだんに盛り上がっていく。舞台は花車が方向転換する際に、ぐるっと回転する。いつか、巨大な花車が回転するのを見てみたいと思った。

三春の公演と郡山の公演の合間のわずかな自由時間、忙しいメンバーに少しでも楽しい時間をと、どこか観光できる場所がないか宿に尋ねると、高柴デコ屋敷を薦められた。デコ屋敷には、デコ人形と呼ばれる張り子の人形やお面作りを営む店が四軒あり、自分で色をつける体験をすることもできるという。

デコ屋敷のいちばん奥にある橋本広司民芸に行くと、作業場を兼ねた店舗の古民家に、七福神、ひょっとこやおかめなどのお面、干支の人形などが並んでいる。メンバーがお面や自分の干支の人形を選んで色つけを始めると、当主の橋本広司さんがどこからか帰って来た。

静かに挨拶した当主は、色つけのアドバイスを一通りしたあと、近くにあったひょっとこのお面を手にとり突然踊り出す。笑いながら、引き込まれて見入っていくメンバーたち。色つけが終わったところで、広司さんは奥にいくと、ひょっとこの衣装に着替えて来て、こんどは本気で踊り出した。

大きなスピーカーがついたラジカセを持って外に飛び出し、コミカルに踊り狂う広司さんに、いつの間にかお面をつけられたり、色を塗ったばかりのお面を自らつけたマウイの面々が加わり、辺りはひょっとこだらけになって、皆が踊っていた。

一息ついて、ひょっとこのことを話すから通訳してほしい、と広司さんが私に言った。

自分は一七代前の先祖から伝わるデコ人形作りと、ひょっとこ踊りを受け継いでいる。ひょっとこ踊りとは、うまくできるとかできないとか、恥ずかしいとか、そういった感情がある自分を超えて、自分を失くすまで踊る。自分が消えるまでに到達できたら、自分の後ろにある先祖と、自然と一体になることができる。それがひょっとこ踊りなんだ。

広司さんの言葉を、わかりやすいように短く区切って、通訳した私の口から出るとき、彼の言う、その後ろにあるというものの意図を、感じるような錯覚をした。パフォーマーであるマウイ太鼓の面々もその言葉を瞬時に理解し、さっきまで笑っていた彼らの、心に沁みいっていくのがわかる。

橋本広司さんのひょっとこ踊りに惚れ込んだマウイ太鼓は、広司さんと中町若連太

Miharu, Fukushima

鼓保存会に、毎年五月に開催されるマウイ祭りへの出演を依頼した。こうして、私は三春の七名の太鼓奏者と広司さんと共に、翌年五月、今度は福島からハワイへの旅の、案内役を務めることになった。

二〇一三年五月、広司さんは、マウイの子供たちに、と、一〇〇個のお面を持って来てくれた。マウイ祭りで、子供たちが思い思いに色を塗り、面つけした。見本のお面通りに色をつける、などという考えは、ハワイの太陽の下でのびのび育った子供たちにはないらしく、ハワイの移民文化を反映したような、実に多種多様の顔が生まれた。個を主張する自由な発想のお面に、広司さんは驚きながらも喜んでいた。祭りの最後のボンダンスでは、色とりどりのひょっとこやおかめが一緒に踊った。

マウイ太鼓と福島各地を周り、各地の太鼓団体との出会いを通じて、いつしか私は、フクシマオンドの故郷、福島の盆踊りがどういうものなのか、もっと知りたい、撮りたいと思うようになった。

ナガミネ・フォトスタジオから借りてきたサーカットにも少し進展があった。どうやったら直せるだろうかと、考えあぐねていたとき、たまたまあるパーティで福田和也さんとお話しする機会があり、有楽町のオカダヤの岡田さんに相談すればなんとかなるだろうと言われ、すぐに持って行った。岡田さんから「どんなカメラでも直せる」と紹介され、浅草の早田カメラを訪ねた。多数の修理の依頼を抱える早田さんに代わり、たまたまそこに居合わせた、弟子の廣木嘉人さんが修理してくれることになった。

一ヵ月後、廣木さんから、「動いたよ」と電話があった。廣木さんは作業場で、ゼンマイを巻いてサーカットを回して見せてくれた。一周回るのに、一分もかからず、意外と回転が速いのだと思った。

フィルムを手に入れれば、撮影はできそうだったが、こんな巨大なカメラに向き合うには、新しく武道を習い始めるぐらいの覚悟がないと、今の自分には扱えないのではとの不安があった。四×五サイズのカメラとフィルムフォルダを担いでハワイの二世を撮影していたのも、もう五年以上も前のことだ。既に仕事の撮影も大半をデジタルでするようになり、ゼラチンフィルターを何枚も使って露出を細かく測りながら、リバーサルフィルムで撮影していた緊張感から遠のいて久しい。サーカットで撮影するということは、仕事の合間の作品撮影、といった向き合い方では扱えない、なんだかちょっと、得体の知れないものに手を出しているという感覚があった。

東京電力福島第一原発の吉田昌郎所長が亡くなったのは、ちょうどその頃だった。自宅からそう遠くない、慶應病院で亡くなったというニュースを見て、病院まで行ってみようと思った。

徒歩一五分の道すがら、ニュースや検証番組で何度も聞いた、原発事故前後の東電本社や官邸とのやり取りの電話の音声、固定カメラの映像が浮かんでくる。誰もが混乱し、怒号が飛び交う。もちろん会ったことも、なんのご縁もない方だけれど、あの瞬間、あの場で、日本の運命をほぼ一人で背負い、瀬戸際のあのやりとりをしていた吉田所長が、自宅のすぐ近くで亡くなった。何の気なしに、そこに歩いて行ってみたいと思ったのだ。

爆発後の数日間を順を追って辿ろうとしても、今では記憶が前後して曖昧になっている。「蟬のションベン」と揶揄された、自衛隊のヘリから落とされた水の映像の絶望感、深夜の東京消防庁の会見は、日本中が見ていたと勝手に思っていたけど、そんなこともなかったのだろうか。

病院の前は、いつも通りで、とくに誰もいなかった。門まで行って、手を合わせた。

帰り道、私は、これからのことを考えた。

福島の盆、というものが、一体どんなものなのか知るためには、そこで生活して、行われることすべてを、体験していくしかないだろう。これまでハワイでやって来たように、福島に、長期で滞在できる環境をつくることが必要だ。

サーカットについても、仕事の合間に作品撮りするような心持ちでは、この得体の知れないカメラをちゃんと扱えるようにはならないだろう。制作を第一に考えるスケジュールを立て、仕事のやり方を変えないときっと使いこなすことはできないだろう。

フリーランスで生計を立ててきたカメラマンとしては、とても勇気のいる決断だった。わずかな貯金があるだけで、いつまで続けられるのかわからなかったが、できるところまでやってみようと、帰り道を歩きながら決意した。


中町若連の方たちに相談してみようと、私は三春を訪ねた。マウイ祭りの間、三春のお盆やお祭りの話を聞いていたらなんだかワクワクして、いつか見てみたいと思っていたのだ。

夏の間、三春のどこかに滞在させてもらえないだろうかとお願いすると、中町若連太鼓保存会会長の新野徳秋さんの奥さん、美希子さんの実家が、今はどなたも住んでいないということで、とてもありがたいことに、滞在してもかまわないと言ってくれた。

作業場が必要ならばと、新野さんは勤め先の三春まちづくり公社へ案内してくれた。まちづくり公社は、廃校になった桜中学校に拠点を移したばかりで、陶芸の釜を設置して、陶芸作家の拠点にするなどの構想が始まったところだった。試験的な運用の間、私も空いている教室を、制作拠点として活用させてもらえることになった。

サーカットで三六〇度撮影すると、フィルムの長さは約二メートルとなる。フィルムを現像するには、同じ長さのシンクが必要になる。給食室の流しはそれにぴったりで、三春に滞在させてもらえるだけでなく、思いがけず、サーカットのテスト撮影、テスト現像の環境も揃うことになった。

三春町では、八月に町内七地区での盆踊りと、八月一五日、一六日に町全体の盆踊りが開催される。新野さんが各地の盆踊りの細かい予定を書いてくれた。

最初の盆踊り、八幡町の盆踊りがある日、私はマンスリーのレンタカーに機材を積み込んで、三春町へ向かった。マウイに一緒に行った面々が、中町若連のメンバーを紹介してくれた。

三春町の盆の一ヵ月。まずは花市が立ち、花農家たちが出店する。三春では、竹で作る小さな花器、竹台を作り、家族や親戚だけでなく、ご近所さんや友人、お世話になった方のお墓も回って、名前を書いて花を供える。荒町の宗像久美子さんの家では、迎え火の代わりに、墓地で花火をする。新盆の家は盆棚を作り、大きな提灯を置く。

各地区で、盆踊りに向けて太鼓の練習が始まる。中町では、愛宕神社の太鼓倉庫で、一週間前から毎日練習がある。この倉庫は神社への参道の途中の高台にあり、窓を開けると、中町全体を見ながら練習ができる。三春の盆踊りは、大太鼓一人の横に、締め太鼓三人が並ぶ。バチを舞わせて締太鼓を打つ「曲打ち」を奏者たちの横から見ると、それはまるでバチを握りしめた腕が乱舞しているようだ。締め太鼓の奏者が一節ごとに順に隣の太鼓にずれて交代していき、最後に大太鼓を叩く。

練習の後は、反省会という名の酒盛りが毎晩あり、酒を酌み交わして、盆踊りに向け、気持ちを一つにしていく。

各地区にある若連という組織は、青年会のようなもので、誰もが何かの役割を担っている。地区の盆踊りでは、他の地区の若連が太鼓を手伝いに行き、交代で太鼓を打つ。太鼓、笛、鉦、同じ唄でも各地区ごとに少しずつ違い、唄の歌詞は、何番まであるのかわからないほどバリエーションがある。最後に開催地区の演奏で締めて、手伝ってくれた太鼓奏者たちを宴席でもてなす。
地区で行われる盆踊りは、ハワイで順繰りに開催される各寺院のボンダンスのようだ。違うのは、盆唄は三春の盆唄一曲で、また、週末に限らず平日の夜でも行われる。

三春の盆行事の撮影を続けながら、サーカットのテスト撮影も始めた。頼りになったのは、オハイオ在住のフォトグラファー、リチャード・マグノロスキーさんだった。サーカットで撮影した作品を多数載せている彼のウェブサイトにあったアドレスに、メールを送って撮影方法や現像方法を尋ねると、フィルムの装塡方法、撮影の注意点や現像のやり方まで、長年の経験で得た知識を、惜しげもなく親切に、丁寧に教えてくれた。リチャードに教わった通り、二メートルの皿現像用のアクリルトレイを、ネットで見つけた大阪のアクリル製作の会社に特注した。フィルムは、イルフォードが受注生産をしている。五月に発注すると、一〇月にフィルムが届く。一本一〇〇フィート（約三三メートル）のフィルムは、最低八本のオーダーがないと生産されない。一〇〇フィートのロールを暗室で二メートルに切って、リーダーをつけて一本のロールにする。

なんとか撮影と現像ができる環境を、桜中学校に作ることができた。一枚の写真を撮影して、現像して、プリントするまでに、約四万円のコストがかかる。撮影するまでも、撮影も、現像も管理も、大変なカメラだ。何度も撮影や現像に失敗して、コストの高いレッスンを重ねた。暗闇の中、手探りの作業を続けながら、この闇の先に何があるのだろうかと情けなく思うこともあった。でもリチャードがいなければ、全く手がかりがなく、もっとたくさんの失敗を重ねなければならなかっただろう。

ようやく撮影方法をマスターしたけれど、肝心なゼンマイの回転がなかなか安定しなかった。時計を直せる人なら直せる、とリチャードに聞いて、三春町大町の『大内時計店』に持っていった。時計職人の大内春幸さんが、ゼンマイをバラして洗って直してくれて、ゼンマイは軽やかに回るようになった。もう手に入れることができない細かい部品は、手先の起用な『理容室むらやま』の村山仁さんが作ってくれた。マウイで使われていたカメラが、東京、オハイオ、三春、たくさんの人の助けを借りて、動き出した。

三春の皆さんと出会うきっかけとなった、マウイ太鼓のツアーを行うことになったとき、ツアーのコーディネイトやアテンドという、初めての仕事に対する不安だけでなく、これで自分の撮影にしばらく取りかかれなくなることを覚悟しなくてはいけないという焦りがあった。でも今思うと、マウイ太鼓のツアーのご縁のおかげで、サーカットの撮影に取り組む覚悟と、撮影を始めるのに最適の環境に、めぐり合うことができたのだ。

2 秋祭り
Miharu, Fukushima

二〇一三年のお盆を三春で過ごしたあと、「お盆もいいげど、お祭りに来ねっきゃしゃあねえべ」と言われ、私は秋のお祭りの時にも三春に来るようになった。

お祭りは、お盆よりもさらに忙しい。二ヵ月ほど前から寄付金集めが始まる。太鼓の練習はお盆より少し長く、お祭りの一〇日ほど前から始まる。練習場所はお盆の太鼓と同じく、愛宕神社の参道にある太鼓倉庫の窓を開け、階下に中町を望みながら、毎晩行われる。練習のあとは、同じく毎晩酒が酌み交わされる。毎年同じことをしているようでも、それぞれの中の役割は毎年変わる。毎晩顔を合わせ、その年の異なった座組みでの役割分担を確認しながら、祭りに向けて気持ちを一つにしていく。

三日間のお祭りでは、あちらでは花車、こちらでは神輿《みこし》の準備と、やることはたくさんあって、目まぐるしく忙しい。中町の神輿は、衣料の卸問屋を営んでいた桑原商店から神奈川県川崎市川崎区浜町に暖簾分けした第一屋洋品店主の二代目、橋本勝通氏製作による宮神輿を平成一〇年に譲り受けたものだ。釘一本使わない、ケヤキの軀体を真鍮で覆い、楔《くさび》と紐で組み上げる神輿はひときわ大きい。真鍮の神輿は手入れや準備が大変だが、丁寧に磨かれた神輿が花棒の上に組まれていくにつれ、祭りへの気持ちも高まっていく。

宵宮、祭りの一日目、神輿が中町字内を一周する。中町の各地を巡りながら、あちらこちらで休憩して、酒やつまみが振る舞われる。身内を回って酒を飲み、地区内の人たちが集う、この日が祭りの中でも気楽に楽しめる日かもしれない。

祭りの二日目は、日中に子若連の太鼓台が字内を一周する。この日は中日で、夜は花車や神輿の運行はないが、若手は新興地の八島台に神輿担ぎを手伝いに行く。八島台と中町は、浜町の宮神輿が中町にやってくる前に中町で担いでいた樽神輿を貸しているご縁がある。サーカットのことを中町の人に話したとき、マウイのリックさんから借りている、でも、リックさんがおじいさんのカメラを売りたくないから、貸すという言い方をしているけど、いついつに返せ、とは言われていない、と話したら、「ああ、神輿を借りてるようなもんだな」と一瞬で通じ合うことができ、なるほどと思ったことがある。

若手が八島台に行っている間、中町公民館に停まっている花車の周りには子供たちが集まり、舞台に上がって太鼓を打ったりする。


祭りの三日目の夜は、長獅子が舞い、三春町七地区の神輿と山車が整列して三春町内を渡御・還御する、壮観な光景となる。高さ五メートルを超える大きな花車を力を合わせて操り、神輿を担ぐ祭りの男たちは、聞いたことのない荒々しい声を出し、ハレの日の色気をまとっている。

重い神輿を担いで町内を渡御するのに、担ぎ声とともに折々で甚句《じんく》が歌われる。担ぎ手たちは甚句に合わせ神輿を揺らす。思い思いの文句で歌う甚句は、ときに疲れた担ぎ手を盛り上げ、まとめる、運行の間の重要な役割を担う。

五年前は小若連を仕切っていた高校生の兄弟二人が勤め人となり、中町若連に仲間入りして、神輿を担いでいる。毎年大人たちについてそこにいて、ふと、今年はお前歌え、とメガホンを渡されると、誰に教わったわけでもなくするっと甚句が出てきて、担ぎ手を激励し、祭りを支える頼もしい存在になっている。

中町若連では、庶務、庶務長、会計、会計長、副会長、筆頭副会長、会長と、順番に、毎年役割が変わる。筆頭副会長が花車統括、庶務長が神輿頭を務める。全員が、一年ずつすべての役割を経験して、だいたい五〇代前半で会長となる。会長が終わると若年寄、相談役として祭りの進行をアドバイスする。どこにでもある町内会の運営方法なのかもしれないが、なんて合理的なコミュニティデザインなのだろうと思う。板金、工務店、石材店、商店、酒屋、旅館、祭りの運営や神輿や花車に必要な業種が地区ごとに揃い、職人たちは専門職を発揮し、誰もがかけがえのない役割を担っている。祭りでの役割は祭りが終わるとあっさりと終わる。だが一堂に会し形成された共同体は祭りのあとも生き続ける。

三春に通い初めて五年目、二〇一八年の祭りの三日目の最終日、八雲神社前に七地区の山車と神輿が一堂に集まり、山車の赤い提灯がどこまでも続いているさまは、町中の人間が一気に出てきて、鳴りひびく神輿と山車の掛け声がこだまして、今ここにあるいのちの喜びを叫びあっているようだった。最後の三春大神宮への宮入りへ、参道に並ぶ神輿の行列の喧騒の横で、パジャマ姿に杖をついた老婆が、一年ぶりに外に出たような風情で立っていた。誰とも会話しなかったが、祭りが終わるまでずっとそこに立っていた。

太鼓台、神輿、花車運行など、三日間、同時多発的に催事が行われる秋祭りの全貌を、五年目にしてようやく把握できたように思う。

いつからか、三春の季節の移り変わりが、東京にいる時にも気になるようになった。三春町で今日、初雪が降ったという知らせを聞き、その瞬間を逃していることを、なんだかとても切なく感じる。

3 富岡町
Tomioka, Fukushima

三春にいる間、時間ができるといつも、広司さんを訪ねにデコ屋敷に行った。広司さんから三春の盆の風習を聞き、盆棚や、花をお供えする竹台づくりを見せてもらったり、広司さんの話を聞くのが好きだった。広司さんの店と自宅は、高柴デコ屋敷を見渡す高台にある。いま、一年のうちのどの季節で、一日のうちのいつなのか、ここから見える風景からよくわかる。向かいの丘には神社が、向かって左手には広司さんの先祖も祀られている江戸時代からの墓地があり、その裏に山があり、広司さんが言う、いつも先祖を感じている、という感覚が、ここに来るとなんとなくわかるような気がする。

縁側ではいつもお母さんのアサさんが、にこにこ笑って小さく丸まりながら、張り型に和紙を貼り付けている。長年作業を続けたアサさんの指は長く、第一関節は大きく広がり、反っている。

ある日デコ屋敷を訪ねると、先客の老人が縁側に座ってお茶を飲んでいた。富岡町から、三春の仮設住宅に避難している斎藤泰助さんだった。

マウイ太鼓が来たときのようにまた、いつの間にか広司さんが踊り出し、泰助さんに面をつけた。面をつけられた泰助さんは、それでスイッチが入ったかのように動き出し、広司さんと一緒に踊り出した。足元はおぼつかないけれど、なんだか止まらないといった感じで踊り続けている。

「いやー!　楽しかった!!　おれを弟子入りさせてくれ!」

お面を外した泰助さんは、満面の笑みを浮かべていた。

斎藤泰助さん、八四歳、富岡では、三町六反もの農地をもつ専業コメ農家だった。

震災前から糖尿病を患い、震災直後は娘のいる仙台で入院し、闘病生活を送っていた。入院中に三春の福聚寺の住職、玄侑宗久師の新聞連載を読んで、文章に感銘し、玄侑師に会いたいと、三春町の仮設住宅に応募したという。

三春にこれからお世話になるのだから、と、必ず個人商店で買い物したり、冬には率先して早朝から雪かきしたりと、いつもはりきって、地元の人にとけ込もうと努力をしていた。広司さんにも、会ってみたいと思い、訪ねて来たそうだ。

泰助さんはそれからすぐ、広司さんからひょっとこ踊りを本格的に習い出した。やがて、泰助さんが暮らす仮設住宅の仲間が少しずつ加わり、広司さんは毎週土曜日に、仮設住宅の集会所に出向いて踊りを教えることになった。普段は少しシャイで、静かな広司さんが、ひょっとこのお面をつけることで人格が変わったかのように踊り出す。面をつけて、自分を忘れるまで踊る。一生一笑、と広司さんは言う。ひょっとこ踊りを、ひとつの笑いを一生続ける。それを聞いた泰助さんは、「じゃあおれは、一瞬でも笑っていたい」と、ひょっとこ踊りをこれからの生きがいにすることにした。

「広司さんという人の、無欲で、素晴らしい人間性、その人となりが、踊りにも出ているんだな。地球上の人がみな広司さんみたいな人だったら、争いは起こらない。自分もそんな人になりたい、ひょっとこ踊りをやりたい」

原発事故がなかったら三春には住めなかったし、ひょっとこ踊りとも、三春の人たちとも事故がなければ出会えなかったのだから、自分は幸せなんだと泰助さんは言う。富岡町は甚大な被害を受けたが、個人としての今は幸せで、ここに新しい暮らしがある。新しいふるさとである三春の役に立ちたい、と、デイケアホームや町内のイベントに自ら出向き、踊り始めた。泰助さんの周りにはどんどん人が集まってきて、いつしか『富岡ひょっとこ連気晴し舞道愛好会』が形成された。今では三春の人気者となり、男女一一名のメンバーと共に、ひょっとこ踊りの依頼に忙しい日々を送っている。『桜のトンネル』で知られる富岡町夜の森の全長二キロの桜並木で泰助さんたちが始めたひょっとこ行列は、毎年人数が増えて、いまでは大行列となっている。

明るく振る舞う泰助さんの話を聞けば聞くほど、私は、泰助さんがひょっとこのお面の下に隠した富岡町への思いを想像した。

「まあ、たまに剣道の仲間なんかと会うと、なんだか、苦労したこと、感動したこと、これまでの思い出、富岡での生活が蘇ってくる。会うだけで、そうした感情が拡大して溢れ出し、溢れかえってくるんだな」

写真集『KIPUKA』にある泰助さんの写真は、泰助さんのお面を撮影し、それを泰助さんの顔に投影して撮影した。お面は顔を完全には隠さず、泰助さんの目が透けてみえる。桜中学校の音楽室につくった真っ暗なスタジオに来てくれた泰助さんは、何も言わず私の言う通りに座ってひょっとこになり、撮影した写真を見て、「おう、いいな」とだけ言った。

踊り、祭りが大好きな富岡ひょっとこ連の人たちは、富岡での盆踊りがどれだけ盛大だったか、楽しそうに話してくれた。ハワイから来たカメラ、サーカットが三春で動くようになり、私は、フクシマオンドの原曲である相馬盆唄の故郷、避難区域となった浜通りを撮影したいと思うようになった。

私は泰助さんに、富岡の家に連れて行ってもらえないかとお願いした。サーカットの初めての本番撮影だった。

泰助さんは、田んぼで撮ってもらいたいと私に言った。荒地になってしまったこの田んぼで、泰助さんは「ふたば特別米」を育てていた。奥さんの伊都子さんと並んで立ってもらい、泰助さんが毎日見ていた風景を、サーカットは三六〇度回って撮影した。

それから、ひょっとこ連の方々の協力を得て、富岡町からサーカットの撮影を始めた。

三春の夏、盆行事を追いかけ、豊かな郷土芸能や文化に触れることは、避難者の方が、失ったものを知ることでもあった。

4　双葉町、そしてマウイへ
From Futaba, Fukushima to Maui

二〇一二年、マウイ太鼓が福島に来て、二〇一三年には三春町中町若連太鼓、ひょっとこ広司さんがマウイ祭りに出演した。旅はそれだけでは終わらず、二〇一四年には、福島県太鼓連盟結成二〇周年記念のコンサートをマウイで行いたい、そのコーディネイションをお願いしたいという依頼があった。太鼓連盟の一行、約五〇名が参加するという。ラハイナ浄土院の原源照師に相談して、七月のラハイナ浄土院のボンダンスに参加し、翌日にお寺の境内でコンサートとパーティを開催するということになった。

二〇一四年七月、福島県太鼓連盟に所属する五〇名の太鼓奏者がマウイを訪問した。

大人数のアテンドは、自分にとっては大変な仕事だったが、マウイ太鼓のメンバーたちが、今度はこちらがもてなす番だと取り仕切ってくれた。

一年でいちばん忙しいボンダンスの次の日に、コンサートを開催したいというあり得ない申し出に、原先生は快く会場を提供してくださり、前日深夜までボンダンスで忙しかったのにもかかわらず、お寺のメンバーはじめ、たくさんの人たちが集まってくれた。

私はこのとき、動くようになったサーカットを初めてマウイに持って帰った。コンサートが始まる直前、カメラをセットして、ナガミネ・フォトスタジオのリックさんに教わったように、メジャーと封を切った小麦粉の袋を手に持って、コンパスのように円を描いた。福島からやってきた五〇名の奏者とマウイ太鼓、原先生一家、リックさん、ケイさんの家族……、マウイで知り合った人たち全員がその円に並び、カメラが一周した。ラハイナ浄土院のお堂、納骨堂、大佛像、東屋、そして海を順々に背景にして、長い長い記念撮影をした。撮影が終わると、拍手が沸き起こった。何十年ぶりに回転カメラを見たよ、とたくさんの人たちが話しかけてくれた。

双葉町から参加した、標葉《しねは》せんだん太鼓会長の横山久勝さんと、副会長の今泉春雄さんは、昔から盆踊りが大好きで、盆太鼓を打つことから太鼓を始めたという。多くの人に踊ってもらうために、景品を用意したりと苦労してきた故郷の盆踊りに比べて、若い人たちが浴衣を艶《あで》やかに着こなし、我先にと輪に加わって踊るマウイのボンダンスの様子に、心底驚いていた。震災直後、福島県内ではなく、埼玉県加須《かぞ》市に避難した双葉町では、コミュニティの断絶がより深刻で、太鼓の練習にメンバーが集まるのも苦労していた。

私は、サーカットで横山さんと今泉さんを撮影したいと思い、帰国したら双葉町に連れて行ってもらえないかとお願いした。

福島県双葉郡双葉町長塚。福島第一原発から約五キロの地点にある横山電機の倉庫には、作りかけの太鼓が、震災直後のまま、散乱していた。いまだに放射線量は毎時四マイクロシーベルト（毎時〇・二三マイクロシーベルトが国の定めた除染の目安）と、非常に高い。

横山さんは、音楽が好きで、木工や手仕事が好きで、エレキギターを手作りするうちに、電気技師になった。二六歳で自宅の隣に横山電機を立ち上げ、地元企業や、第一原発の照明やメンテナンスの仕事を請け負っていた。太鼓づくりに必要な、丸太をくり抜く機械も自分で作った。

避難してからは、避難者に対する周囲のさまざまな感情を受け止め、制作時の音が近所に迷惑をかけてしまうからと、太鼓づくりをあきらめていた。

「太鼓の胴をひとつ、マウイ太鼓に寄贈したい」と横山さんは言った。「ハワイのボンダンスが、あんなに熱気に溢れているものだとは、知らなかった。おれはちょっと、たまげた。日系人の人たちが、苦労して、守り続けた文化なんだな。あの人たちなら、この太鼓を、一〇〇年も二〇〇年も、ずっと使ってくれるんじゃないか」

二〇一五年の夏、横山さんはケヤキの太鼓の胴を、マウイ太鼓に贈った。ワインの樽から太鼓を作っていたマウイ太鼓にとって、初めての、ケヤキの一本木でできた太鼓の胴は、かけがえのない贈り物となった。ぜひ今年もマウイのボンダンスに来て、双葉の盆唄を演奏しないかとマウイ太鼓に招かれた横山さんは、今泉さんを誘って、マウイを再訪することにした。

マウイ島への最初の移民は、一八八五年頃、広島と山口から移民契約を結んでやってきた官約移民であった。その約一五年後に、福島と沖縄からマウイへ移民が渡った。先人たちがゼロから作った日系社会にあとから入ってきた彼らは、方言がわかりづらいなどと言われて何かと疎外され、肩身の狭い思いをせざるを得なかった。地元の者だけで集まり、のびのびと自分の言葉を喋る場で、盆踊りが始まった。フクシマオンドは、レベルミュージックでもあったのだ。

マウイの中央に位置するパイアの町は、一万四〇〇〇ヘクタールある広大なサトウキビ畑に囲まれている。パイア付近には福島からの移民がもっとも多く、一帯はかつて、「福島村」とも呼ばれていた。

一九一四年、パイア満徳寺で、寺院では初めてのボンダンスが開催された。ケイさんの曽祖父の渡邊トミジロウさんほか、福島の移民たちが、夜通しフクシマオンドを演奏した。

海に面した満徳寺の墓地は、潮流の変化により、遺骨や墓石が徐々に海に呑まれている。干潮のたび、沖の波間に墓石が見え、やがて消えていく。台風が来ると、かつて流された墓石が高波で押し戻されてくる。墓石を取り戻そうと、住職は暴風雨の中波に飛び込むのだという。

法要が終わったパイア満徳寺の本堂から、たくさんの人が出てくる。やぐらを囲んだ円のすぐ外に場所取りし、ボンダンスの開始を今か今かと待つ人たち。フードブースには行列が続き、シェーブドアイスを手に子供たちははしゃいでいる。

横山さんと今泉さんは、少し緊張気味だった。マウイ太鼓に紹介されると、二人はやぐらに上がった。録音の唄に合わせて、二人だけで双葉盆唄の太鼓を打つ。太鼓奏者がすることはないという、お囃子も二人で声を張り上げ、自らを励まし盛りたてているようだった。

「やっぱり録音に合わせるってのはうまくいかねえ」

「一〇分ぐらいじゃ、のるのは難しいな。やっぱり一晩中やって、トランス状態になって、ふっと気づくと、自分が盆踊りと一緒になってる、それが盆踊りなんだなあ」

録音に合わせての演奏、それも何十曲もやるボンダンスの一部の時間だけでは、二人は物足りないようだった。それでも双葉からやってきた盆唄は、パイア満徳寺のボンダンスを大いに盛り上げた。

横山さんと今泉さんは幼馴染で、双葉では隣に住んでいた。避難先でもいま、隣に住んでいる。避難するときにいちばんどこにでも行きやすい、県の中央にある本宮市に横山さんが土地を買った際、たまたま隣が空地であることを知り、今泉さんに声をかけたという。生涯の友人である二人は、最後の日、ビーチで楽しそうに泳いでいた。「愛ちゃんおれ、海に入ったの、震災以来初めてだな」真っ赤に日焼けした顔で横山さんは言った。

横山さんたちが帰国した後も、私はマウイに留まった。パイア満徳寺の次の週は、カフルイ本願寺のボンダンスがある。マウイもここ数年通うようになり、踊り好きの顔なじみもだいぶ増えてきた。カフルイ本願寺のボンダンスでは、婦人会のお菓子や手芸品が多数並ぶ。フィッシュネットでできたスポンジの横に、デッドストックのアロハシャツの布でできた、おばあちゃんクラフトのたまらないデザインのエプロンがあったりする。年代物のボンダンスの手ぬぐいを物色していると、太鼓の音が聞こえてきた。あれ、もうフクシマオンド？　でもなんだかいつもと違うような……。

それは双葉の盆唄だった。マウイ太鼓が、横山さんたちが残した歌の録音に合わせて、太鼓を打っていたのだ。

私はびっくりしてやぐらに駆け寄った。マウイ太鼓が、双葉の盆唄を演奏している。いくつもの太鼓団体と交流するようになったいま、それがどれだけのことを意味するのかが分かる。

盆唄とは、太鼓とは、その土地に生きるものの唄で、自分たちの祭り、営みのために演奏するものである。他の盆唄をやろうなんて、誰も思わないし望まない。

「彼らの太鼓がやってきたのだから、盆唄もやるべきだと思って」演奏を終えたケイさんは、びっくりした顔の私を見て笑っていた。お寺に着いてから突発的に思いついて、メンバーとやぐらの脇で練習して、やってみたというのだ。

「横山さんたちに伝えてほしい。本当は双葉の盆唄を奏でるはずだった太鼓をもらったのだから、また双葉でそれが叶うまで、私たちが代わりにここで演奏していきたい。双葉盆唄を習いたい」


帰国した私は、横山さんと今泉さんに、ケイさんの提案を伝えた。マウイ太鼓が、双葉の盆唄を習いたいというので、もう一度、マウイに来てください。太鼓はもう、叩けるけど、双葉の唄と、笛と、踊りを、マウイ太鼓に伝えてくれませんか、と。

「愛ちゃん、なんだかすごいことになって来たな」

「じゃあ、みんなで行くべか。やるとなったら、最高のメンバーで行かないとな」

こうして、また横山さんたちと一緒に、三度目のマウイに行くことになった。

5　双葉盆唄
Futaba Bon-Uta

「三〇年後にはもしかしたら、双葉に帰れるかもしれない。でもその頃おれはもう、生きてないだろう。マウイで双葉の盆唄をやってくれるなら、またいつか、双葉で盆踊りができるようになって、盆唄が戻って来られるように、笛も歌も踊りも、完璧な布陣で、双葉の盆唄を伝えておかなきゃなんねえ」

横山さんはそう言って、双葉の盆唄の名手に声をかけた。

太鼓に横山さん、今泉さんと妻の千鶴子さん。唄は民謡五〇年の名手、伊藤美枝子さん、美枝子さんの夫の伊藤吉夫さんがお囃子を、踊りに井戸川容子さん、笛に、若手の山根美保子さん。

二〇一六年の夏、双葉の盆唄を伝える、完璧な布陣の七名と共に、マウイへ向かった。

マウイ太鼓の稽古場には、マウイ太鼓のメンバーはじめ、マウイ民謡会、ナカヤマ民謡会の方たちが集まっていた。

双葉盆唄のレッスンが始まる。毎年三ヵ月間盆踊りをしている彼らに、太鼓、笛、踊りを伝授するのは難しいことではなかった。大変だったのは、唄を伝えることだ。そもそも、フクシマオンドの歌詞の意味をも、マウイ太鼓は理解していなかった。日本語を話さない世代の彼らにとって、言葉の意味よりも、その音を追いかけ、気持ちをのせることが大事だった。お経を唱えるようなことなのだろうか。

双葉の七名は、一〇〇を超える盆唄の歌詞の中から、十番を選んで伝えることにしていた。双葉で唯一無二の盆唄にはこれまでとくに曲名もなく、「盆踊りの歌」などと言われていたが、これを機に「双葉盆唄」と呼ぶことにした。

選ればれた歌詞とフクシマオンドには、ほぼ同じ歌詞がいつくかある。まずはその意味を紐解いて、理解してもらおうと、歌詞の意味を伝える時間を割いた。とは言え、さまざまな解釈ができる盆唄の歌詞の意味を断定して伝えてしまうのも間違いのような気がした。あらかじめ、盆唄の歌詞を一番ずつ、メンバーの担当を決めて、その意味を考えてもらうことにした。歌詞の単語の直訳も一緒に渡して、何を歌っているのか、誰が歌っているのか、考えてまとめてもらうようにした。

双葉盆唄にもフクシマオンドにある歌詞「そろた　そろたよ　踊り子がそろたよ

稲の出穂より　みなそろたよ」は、お盆の時点ではまだ実りはないが、今年もよく稲が育つように、豊穣を祈っていること。「月はまんまる」という表現は、旧盆は必ず満月であったこと。一つ一つ、唄の意味を理解してもらうことから始めた。

こうして改めて歌詞を考えてみると、盆唄が、さまざまな視点で書かれていることに気づく。豊穣を願う長老、長年連れ添った夫婦、子守で踊りにいけないのが恨めしいお嫁さん、今日だけは無礼講と勢いづいている青年、祭りに浮かれる子供……。盆唄は、誰にでも平等で、すべての人のためのもので、誰のためでもない。

興味深いのは、『フクシマオンド』にしかない歌詞の一節だ。

「もろた　もろたよ　音頭をもろたよ　笛も太鼓も　ヤレサヨ　みなもろたよ」

これは、唄、音頭、笛、太鼓を、福島から持って来た、もらってきた、そのような意味なのではないだろうか。浜通り各地の相馬盆唄にも、私の知る限り、この歌詞はない。

民謡で鍛えられた伊藤美枝子さんの声量はとてつもなく、マイクがいらないほどだ。盆踊りでは一人で、二時間歌い続けたそうだ。稽古時間だけでは歌を伝えきれなくて、ボンダンス当日朝もレッスンすることになった。七〇代の美枝子さんの、伝えたい、という鬼気迫る思いの強い、きびしい指導だった。マウイ太鼓のメンバーは疲労困憊していたが、美枝子さんはそのためにマウイにやってきたのだ。帰国までの時間の許す限り、美枝子さんから唄を習った。

マウイ太鼓の元メンバーで民謡が大好きな、シャロン・ウエストフォールが、唄担当の中心となった。シャロンはすぐに、美枝子さんの声に歌詞を載せたビデオをつくって、皆で練習すると約束した。

パイア満徳寺のボンダンスでは、マウイ太鼓と双葉の面々がともに太鼓と笛を演奏し、伊藤さんとシャロンが一緒に唄った。これから、双葉の盆唄が、パイア満徳寺のボンダンスに加わり、毎年奏でられ、踊られていく。

その後、シャロンは念願だった日本語習得のため福岡の語学学校に短期留学し、帰国前に伊藤さんに会いにきて、伊藤さんにまたしごかれて、帰国した。

二〇一七年七月、マウイ太鼓は結成二〇周年のコンサートをマウイ島カフルイで開催した。

マウイ太鼓に縁深いゲストたちが多数出演し、演奏の合間にはひょっとこに扮したメンバーが盛り上げた。最後に会場の外で盆踊りを行い、シャロンを歌い手に、完璧な双葉盆唄を披露した。横山さん、今泉さん夫妻も駆けつけ、一緒に踊った。

「シャロンの唄は、完璧だったなあ」

「なんだか、俺ら毎年きてんなあ。来年も行くしかねーべ」

ハワイと福島を、盆唄が行ったり来たりしながら、いつしか私も、盆唄に導かれるまま、そのつながりの輪の中に関わっていた。

双葉盆唄

一、ハアァァ〜アァァァ〜アァァ
今年しゃ 豊年だよ コォリャ　（ハァ ヤッショ〜ヤッショ〜）
穂に穂が コラ 咲いてよ〜　（ホ〜ホ）
ハアァ〜アァァ
道の小草にな コォリャ　（ハァ ヤッショ〜ヤッショ〜）
ヤレッサな 米がなるよ〜　（ホ〜ホ）

二、ハアァァ〜アァァァ〜アァァ
道の小草にな コォリャ　（ハァ ヤッショ〜ヤッショ〜）
米なる時はよ〜　ホーホ
ハアァ〜アァァ
山の木萱に コォリャ　（ハァ ヤッショ〜ヤッショ〜）
ヤレッサな 金がなるよ〜　（ホ〜ホ）

三、ハァァァ〜アァァァ〜アァァ
揃ろた揃ろたよ コォリャ　（ハァ ヤッショ〜ヤッショ〜）

踊り子が コラ 揃ったよ〜 （ホ〜ホ）
ハァァ〜 アァァ
稲の出穂より コオリャ （ハァヤッショ〜ヤッショ〜）
ヤレッサな よく揃ったよ〜 （ホ〜ホ）

四、
ハアァァ〜 アァァァ〜 アァァ
ドンドドンドとな コォリャ （ハァヤッショ〜ヤッショ〜）
なる太鼓は どこだよ〜 （ホ〜ホ）
ハアァ〜 アァァ
あれは双葉の コォリャ （ハァヤッショ〜ヤッショ〜）
ヤレッサな 寄せ太鼓だよ〜 （ホ〜ホ）

五、
ハァアァ〜 アァアァ〜 アァァ
お前百までな コオリャ （ハァヤッショ〜ヤッショ〜）
わしゃ九十九までよ〜 （ホ〜ホ）
ハァァ〜 アァァ
共にしらがのな コオリャ （ハァヤッショ〜ヤッショ〜）
ヤレッサな〜 はえるまでよ〜 （ホ〜ホ）

六、ハァァァ〜アァァァ〜アァァ
調子揃えてな コオリャ （ハァヤッショ〜ヤッショ〜）
唄えや コラ 踊れよ〜 （ホ〜ホ）
ハァァ〜アァァ
月もまんまるだよ コオリャ （ハァヤッショ〜ヤッショ〜）
さんさな〜 丸い仲だよ〜 （ホ〜ホ）

七、ハァァァ〜アァァァ〜アァァ
唄いあげますな コオリャ （ハァヤッショ〜ヤッショ〜）
はばかり コラ ながらよ〜 （ホ〜ホ）
ハァァァ〜アァァ
唄いそんじはな コオリャ （ハァヤッショ〜ヤッショ〜）
ヤレッサな〜 ごめんなれよ〜 （ホ〜ホ）

八、ハアァァ〜アァァ〜アァァ
おどり揃たのに コォリャ （ハァヤッショ〜ヤッショ〜）
なぜ唄 コラ きらすヨ〜 （ホ〜ホ）
ハアァ〜アァァ

わしが唄えばナ　コォリャ　（ハァヤッショ〜ヤッショ〜）
ヤレッサナ〜皆よくコラ おどるヨ〜（ホ〜ホ）

九、
ハアァア〜アァア〜アァア
盆の十六日 コォリャ　（ハァヤッショ〜ヤッショ〜）
おどらぬ コラ ものはヨ〜（ホ〜ホ）
ハアァ〜アァア
あすの晩からな コォリャ　（ハァヤッショ〜ヤッショ〜）
ヤレッサナ〜かごの鳥ヨ〜（ホ〜ホ）

十、
ハアァア〜アァア〜アァア
おどり皆様 コォリャ　（ハァヤッショ〜ヤッショ〜）
今晩 コリャ かぎりヨ〜（ホ〜ホ）
ハアァ〜アァア
あすの晩からナ コオリャ　（ハァヤッショ〜ヤッショ〜）
ヤレッサナ〜 かごの鳥 ヨ〜（ホ〜ホ）

6　映画『盆唄』
Film "Bon-Uta -A Song from Home-"

双葉盆唄をマウイに伝えるプロジェクトは、ドキュメンタリー番組と映画に派生した。中江裕司監督作品『双葉盆唄ハワイへ行く』（NHK BS1、二〇一七年三月放送）と、映画『盆唄』（二〇一九年二月公開）である。

中江監督と初めて仕事をしたのは、二〇〇三年の映画『白百合クラブ東京へ行く』だった。白百合クラブは、沖縄県石垣島の、おじいおばあのバンドである。映画公開当時結成五六年の白百合クラブは、戦後の何もない時、ひょうたんから作ったマンドリンや、三線で歌謡曲や寸劇を披露し、島で大人気となった。結成七〇周年を超えた今も、バンドはまだ続いている。白百合クラブの石垣での日常と、初の東京公演を追いかけたドキュメンタリー映画で、私は東京ツアーに帯同しての写真撮影や、ポスターの写真などを担当した。音楽と共に生きるおじい、おばあとの日々、毎日踊りながらの楽しい日々だった。いま振り返ってみると、中江監督と白百合クラブのおじいおばあを追いかけ、一緒に踊った日々と、ボンダンスを追いかけている今、私がやっていることは、ずっと変わらない気がする。
『白百合クラブ～』を含め、大ヒットした中江監督のデビュー作『ナビィの恋』、『恋しくて』、『ホテル・ハイビスカス』など、沖縄を題材にした監督の作品にはどれも、唄、音楽への愛が溢れている。マウイ太鼓の二〇一二年のツアーの頃から、中江監督にはハワイのボンダンスやサーカットで撮影された葬儀の写真の話をして、ドキュメンタリー番組などの企画にならないかと相談していた。監督はハワイのボンダンスには興味を惹かれているようだったが、福島に縁がない自分が、震災を題材に撮る意味が見出せない、と断られつづけていた。

やがて中江監督は、ハワイの沖縄移民についての二本のドキュメンタリーを演出した。沖縄戦で絶滅寸前となった黒豚アグーの危機にハワイから贈られた豚五五〇頭、それと同じ数だけＢＥＧＩＮが楽器を返礼として贈るプロジェクトのドキュメンタリー『豚の音がえし』（ＮＨＫ、二〇一二年八月放送）と、沖縄戦で民間人に投降するよう呼びかけた日系二世のＭＩＳ（通訳兵）、トーマス・比嘉太郎氏のドキュメンタリー『戦場の良心（ちむぐくる）～沖縄を救った日系人～』（ＮＨＫ、二〇一五年八月放送）である。

ハワイ移民のこと、もうやってますよね。面白いですよね、もうそろそろ撮ってくれてもいいんじゃないでしょうか。そんな話を監督と会う機会がある度に続けていた。

番組と映画を製作したテレコムスタッフ社長の岡部憲治さんは、よく飲みに行く店でお見かけする顔見知りだった。ある日表参道でばったり会って、昼間に偶然会うのも何かの縁だからと、お茶にお誘いいただき、ハワイのボンダンス、サーカットカメラのことなどを話したのが始まりとなった。岡部さんに映像作品にすることを提案された時、中江監督にこれまで相談してきたことを話し、中江監督と作品がつくれるなら、と、企画が始まった。プロデューサーはテレコムスタッフの堀内史子さん、私はアソシエイトプロデューサーとして企画、制作全般に関わることになった。

双葉に魂をおいてきている人だ、と中江監督は横山さんに初めて会った日のことを回想する。結局のところ監督が映画にできると決意してくれたのは、横山さんに会って、その魅力溢れる人柄に触れたからだった。

横山さんがマウイ太鼓に太鼓を寄贈したところから撮影は始まっていた。その後マウイ太鼓が双葉盆唄を習いたいと提案して、唄を伝えるドキュメンタリーがＮＨＫ放送の番組では軸となったが、唄を伝え、帰ってきた、それだけでは映画にはならない、と監督は考えていた。

横山さんのふるさと、双葉町の現状を追いかけると、どうしても辛い映像になってしまう。そうやって現実を伝える映画もあるけれど、監督は、自分がつくる映画は、希望を伝えたいと言う。その手がかりを探しに、福島に滞在していた監督から連絡があった。

監督が見つけたのは、相馬移民の資料だった。

江戸中期、岩木山と浅間山の噴火による火山灰と悪天候により、東北地方を中心に「天明の大飢饉」が起きる。たくさんの人が餓死した相馬藩を救ったのは、加賀藩、越中藩の浄土真宗の門徒たちの移民だった。彼らは田を耕し、水路を開墾し、相馬を復活させた。相馬移民の末裔の郷土史家が、祖先のいた富山県を訪ねて自身のルーツを探った記事を図書館で見つけた監督は、そのコピーを持って、マウイへ一緒に行った、踊り担当の井戸川容子さんに会った。見つけた記事の話をしていたら、なんとその記事を書いたのは、井戸川さんのお父さんだと判明した。

映画は、井戸川さんの本家の長男、佐々木弘さんと、佐々木家のルーツを辿りに富山へ旅をすることになる。佐々木家の故郷、富山県南砺《なんと》市には、『ちょんがれ　木蓮尊者』という踊りがあった。釈迦の弟子目連が地獄に落ちた母を探す、仏教説話が唄われている。母親を救い出すために衆僧に食事を振る舞い、供養したというこの説話こそ、盆供養の原型であり、母が救われた喜びに、とびあがらんばかりに踊ったのが、盆踊りの原型と言われている。

ちょんがれに参加して踊った佐々木弘さんは、終わってこう言った。

「いまから二〇〇年前、相馬の大飢饉で、人口が三分の一になっちまって、移民の募集に応じて、私の先祖は福島に向かいました。先祖は移民して差別され苦労して、田植えの水も最後にしかやらねえとか、嫁ももらえないということがありました。富山に来ると先祖のことを思い出します。いま放射能と騒いでいるけれども、富山から移民した先祖の苦労を思えば、放射能なんかに負けていられねえなあと思っとります」

相馬移民のエピソードは、アニメーションで映画に加えられた。佐々木家の先祖である、越中から移民したノエは、よそ者、加賀もんと言われた少女だったが、必死で働き、結婚し、子供を産み、孫ができる。そうして土地に根付いていき、老いた今、故郷をなつかしむことがあっても、子供たちにとっては、生まれ育った相馬が故郷なのだとノエは言う。


ハワイ移民史については、それぞれの時代の唄とともに伝えることを監督は考えた。一世の時代の唄は、サトウキビ畑で働きながら歌われた労働歌、『ホレホレ節』。何百通りもあると言われるホレホレ節の歌詞を集め、また日本芸能の伝承につとめた二世、ハリー・ウラタ氏の最後の弟子、ツツセ姉妹が一世に扮し、マウイ島の、ハワイ最後のサトウキビ畑で歌った。

二世の唄、ハワイ松竹オーケストラの『別れの磯千鳥』は、戦後ハワイで初めて作られた日本語の歌謡曲で、のちに美空ひばり、倍賞千恵子、石原裕次郎など、三〇名以上の歌手がカバーし、ハワイのみならず、日本でも大ヒットとなった。当時、二世たちによるこのようなバンドは五〇以上もあったそうだ。映画では、ハワイ松竹オーケストラのオリジナルメンバーだったグレース・アメミヤが歌い、同じくオリジナルメンバー、ハリー・ヨシオカの息子、エメット・ヨシオカが指揮をとった。

そして『浜辺の唄』を、日系三世であり、ハワイで初めて太鼓団体をつくったフェイ・コマガタが歌った。


新天地ハワイで、すべてを一から作り上げたハワイ移民と、ボンダンスの熱気に惹かれ、彼らのことをもっと知りたいと、私はハワイに通ってきた。

ボンダンスを踊るのがただ好きで、フクシマオンドに導かれるまま、太鼓奏者たちと旅を続けていたら、双葉盆唄が海を渡り、ハワイのボンダンスに新しい曲が加わった。やがて福島の人たちに出会うまで、私は、日系人が移民したあとのことしか見ていなかったのだと気づいた。足元を引き剝がされるようにしてハワイへやって来た彼らが、ふるさとに残してきたものが、見えていなかったのだ。

太鼓は、体の芯を打ち抜き、地面の下の先祖を呼び起こす。かつては一晩中、その唄で踊り明かした、そんな記憶と身体が結ばれていない私には、ハワイでも、福島でも、行く先々で出会う祭り好きの面々が、自分が立っている足元、その土としっかり繋がっている姿がまぶしく、羨ましく、憧れのようなものを感じている。

五代前の先祖のことを、まるでいま見てきたように語るハワイ日系人たちから、盆唄の未来に希望を託す横山さんたちから、この映画のテーマのヒントを与えてもらった。自分につながる過去をどれだけ遡って理解できるかが、同じ長さの未来への理解を生むのだ。ケイさんが私に問いた、あなたのレガシーは何か？　に対する答えを探る以前に、その質問に答えがあったのだ。

クックが南洋を航海し、ハワイに来航した一八世紀、イギリスでは産業革命による資本主義の急速な拡大に伴い、労働者たちの移住先、植民地の必要に迫られていた。クックにサンドイッチ諸島と名付けられたハワイ諸島は、来航者たちにもたらされた資本の事業のために労働者となる移民を欲した。移民の歴史は、海を渡り、世紀を超えて繰り返されてきた。

ハワイ語の言葉に、「キプカ」という言葉がある。溶岩流から奇跡的に残ったあとに残った、小さな植物のオアシスのことである。そこから生き残った種子が黒い大地に飛び散っていき、やがてまた森が再生する新しいはじまり、「新しい生命の場所」をも意味する。美しいハワイに通い始めてこの言葉を知ってから、ずっと心に残っていた言葉だった。美しいハワイの島々は、太古から活動し続ける火山の溶岩流が固まってできた。大地は美しい恵みを与えてくれるが、それを一瞬で奪いもする。それでも生き残った私たちは生き続けていく。

7　さくら
Sakura

映画『盆唄』の撮影中、横山さんは、双葉の桜についての曲を作った。太鼓三名による、静かな曲である。

不規則な足音のようなビートで曲は始まる。鬼の足音だという。

四つん這いの鬼が、桜の木の周りを這っている。桜の周りを回ったり、近づいたり離れたり、誰もいない桜の森に棲む鬼が這いまわっている。

それでも桜は、誰かが自分を見に来るかもしれない、と咲き、花びらを散らす。

最後はにぎやかに、桜の花びらが舞う下で、鬼も舞い続ける。


鬼のイメージは、放射能なのだと横山さんは言った。

宮太鼓の低い音が這い回る鬼の足音を表し、締め太鼓が、桜の花吹雪、もう一台の宮太鼓が、風、季節を表すという。


『さくら』という曲を聴いたとき、私には、広司さんが暗闇の中で般若のお面で踊る姿が浮かんできた。デコ屋敷の天神夫婦桜の下で、踊っていた広司さんの姿も。

広司さんと横山さんは私に同じことを言ったのだ。自分がなくなるまで、自我がなくなるまで踊ること。その時自然と、先祖とひとつになれるという広司さんと、その時自分が盆踊りそのものになれるという横山さん。


二人を会わせたい、と考えていたとき、ちょうど猪苗代のはじまりの美術館でのグループ展『ビオクラシー〜〝途方もない今〟の少し先へ』(平井有太企画)に参加することになった。そのオープニングイベントとして、『さくら』の演奏を、そして広司さんに『さくら』に合わせて踊ってもらうことになった。

サーカットで撮影した九メートルの桜の写真の前で、横山さんたちの『さくら』に合わせて広司さんが踊る。横山さんが言う鬼は、誰もいない桜の森に共存する。鬼、舞い落ちる桜、それらはバラバラの存在ではなく、一体であるさまを、広司さんは見せてくれた。

Sakura

8 Island in My Mind
思い描く力

二〇〇七年三月、私は沖縄の糸満港にいた。ハワイから沖縄へ、初の外洋航海へ出たホクレア号の到着を待っていた。ホクレア号には、ハワイで出会ったかけがえのない友人、内野加奈子さんがクルーの一人として乗っている。

アフリカから始まった人類拡散の歴史の最後に、タヒチからハワイへ初めて人類が上陸し、ハワイアンの先祖となった。ハワイ、タヒチを含むポリネシア、ミクロネシア、メラネシアは、広い南太平洋に分散した島々であるのに、文化や言語に共通点があり、古くから交流があったとされている。星をコンパスに方角を見る、スターナビゲーションと言われる航海法と、海のうねりを読み、風の動力だけで動くカヌーでの行き来があったのだ。

一七七八年、イギリスの冒険家ジェームズ・クックがハワイを発見、多くの欧米人がハワイへ渡った。宣教師たちがもたらした新しい思想は、フラや文字を持たないハワイ語など、ハワイ古来の文化を、野蛮なものとして禁止した。

取り返しがつかなくなる前に、自分たちの文化を補完、継承しようと、一九七〇年代にハワイルネッサンスと呼ばれる運動が起こる。その象徴ともなるプロジェクトが、ハワイに人類が上陸した船、風のみを動力とする双胴船カヌーの再建と、星の航海術、スターナビゲーションの復活だった。

一九七五年、船は完成し、ホクレア号と名付けられた。ホクレアとは、ハワイ語で「希望の星」を意味し、航海の目印となる、うしかい座のアルクトゥルスのことである。カヌーは復元されたが、しかしハワイに星の航海術の技術は残っていなかった。

プロジェクトリーダーのナイノア・トンプソンは、当時六人しか残っていなかった星の航海術の後継者、ミクロネシアのサタワル島に住むマウ・ピラルクに、教えを乞う。

あらゆる訓練をマウから受け、ハワイからタヒチへ、復活の航海がいよいよ出発というとき、マウがナイノアに、質問をする。

『島が見えるか？』

ナイノアは、ゆっくり考えて、『私の心に島が見えます』と答えた。島とは、航海の目的地、四〇〇〇キロ離れたタヒチのことだった。『それを絶対に見失うな。心のその島を見失わなければ、そこにたどり着ける』

この問答が、マウからナイノアへの、最後のレッスンとなった。

心に描く島、それは、思い描くことで実現する力のことだと、内野加奈子さんからこのエピソードを教えてもらって以来、ずっと心に残っていた。

富岡町の斎藤泰助さん夫妻の撮影から始まった、避難区域のサーカット撮影は、その後、マウイに招かれてホームステイしていた被災者の方たちや、太鼓奏者たちの縁を通じて、双葉町、大熊町、浪江町、富岡町、葛尾《かつらお》村、飯舘《いいたて》村の協力者を得て、撮影を重ねていった。

二〇一五年からは、福島県立博物館が事務局を務める『はま・なか・あいづ文化連携プロジェクト』に参加した。福島県の文化や自然の豊かさの再発見と、震災以降に福島がおかれた状況への文化的アプローチによる共有と発信を目的としたこのプロジェクトの一環として、撮影した写真が成果展として各地を巡回するにあたり、初めて写真にタイトルをつけることになった。そしてふと、このマウとナイノアのエピソードを思い出した。

泰助さんも、横山さんも、今泉さんも、誰もが皆、故郷に対するとても強い思いを持っている。その思いの力があれば、必ずまたそこにたどり着けるのだと、私はずっと、彼らから教えてもらっている。

故人を弔い、輪になって並んだ日系人を撮影していたカメラで、福島の避難区域を撮影したシリーズに、私は、「Island in My Mind」というタイトルをつけた。ふるさとに立つ人を中心に、囲んだ円が結んだ一つの島は、彼らの心にいつも見えているのだ。

© Haruo Imaizumi

Pahoa Japanese Cemetery, Pahoa, Hawaii, 2015

かまや
気まぐれ茶屋ちえこ
白狼

Futaba, Fukushima, 2014
—Street in Futaba

双葉町長塚地区の生活道路。国道６号線ができる前は、東京と仙台をつなぐ昔からの街道、陸前浜街道だった。

富岡町では農業を営んでいた。息子夫婦と孫と共に暮らし、3町6反(8.9エイカー)の田んぼで双葉特別米を育てていた。震災後は避難生活で家族もバラバラになり、妻は仮設住宅での生活の中、年をとり歩けなくなってしまった。広大な農地はこれから何も育てられないが、土地は先日、国立研究開発法人日本原子力研究開発機構福島研究開発部門の研究所の用地として買い取られ、廃炉に向けての研究拠点となる。

Tomioka, Fukushima, 2013
—Farmers Taisuke and Itsuko Saito standing in their rice field

26歳の時にここ自宅の横に横山電機を立ち上げて、従業員12名、創業34年。電気工事、主に第一原発の建物の照明の取り替えやメンテナンスの仕事をやっていた。毎日従業員が原発に通い、25年常駐していた。事故後も復旧の仕事で原発に通った。まず一人で何日か入り、フィルターの換気扇の取り付けなどを行った。金の問題ではなく、今まで世話になっていた会社の力になりたいという思いだった。目に見えない放射能に対する恐怖感はなかった。3月後半に社員全員で会議して、原発での仕事を続けるかどうか話し合った。いまでも避難先から原発に通い、仕事を続けている。

Futaba, Fukushima, 2014
—Hisakatsu Yokoyama standing in front of his destroyed home and company

第一原発の警備員の仕事をしていたので、地震発生後すぐ、津波警報を受けて、まず第一原発の職員をすべて避難させることが自分の仕事だった。持ち場の仕事が気にかかり、なかなか避難してくれない職員たちがなんとか全員退避したのを確認し、自分もようやく避難した2分後に津波がやってきた。

Futaba, Fukushima, 2014
—Haruo Imaizumi standing in front of his house

17歳の時に近所の医者の家で見た真紅のバラに恋してしまい、バラの育て方の本を注文して、見よう見まねでバラを育て始めた。自宅の庭にバラが少しずつ増えていき、父の案で果樹園だった土地をバラ園にして1968年に開業した。双葉バラ園は、季節ごとに700種のバラが咲く美しい庭園だった。地元双葉郡だけでなく、東北地方の沿岸一帯からバスで観光客が毎日訪れていた。バラは手入れしないと育たない。それでも2011年の春はバラが咲いてくれた。いまこの庭園に咲くバラはない。40年かけて育てたバラの価値の補償を求めて東電と戦い続けている。

Futaba, Fukushima, 2017
—Katsuhide Okada at his Futaba Rose Garden

震災時、この4000万円分の木材在庫が放射能により汚染された。1912年の創業以来、一般建築材及び梱包材・チップなどを生産販売をする工場として稼働していた。自分は四代目で、従業員は30人、もうすぐ100周年を迎えるところだった。地元で長く続いた会社で、ほかにも結婚式場、葬祭場、駅前に貸衣装屋と菓子店も経営していた。妻と娘は東京で避難し、娘は東京の高校、大学に進学した。事業は娘に継いでもらいたいと思っていたし、娘もそのつもりでいたが、諦めざるを得ない。

Namie, Fukushima, 2014
Pigment Print
—Hidehiro Asada and his father at their company, Asada Lumber Co.

乳牛と田んぼ、それから花農家としてこのハウスでトルコ桔梗を育てていた。1月ごろ種を撒き、7～12月に出荷。花作りは夜眠れない仕事。朝4時から夜8時まで、花にかかりきりだった。長泥地区は、近所づきあいが良くてまとまりが良く、皆でなんでも助け合ってやって来た。ここにいた親戚は皆もう新しい家を建てたが、自分はまだどうしても踏ん切りがつかない。月の半分はここに来ている。いま補償が出るのも、ここの土地があるから。先祖が見ているといつも感じている。ここを手入れしないで、どうするのか。元気なうちはここに通うつもりでいる。

Iitate, Fukushima, 2016
—Seiichi and Takiko Shigihara at their flower greenhouse

朝採りの野菜や山菜・きのこやどぶろくを振る舞う農家レストラン「気まぐれ茶屋 ちえこ」を営業していた。自分で育てた米でどぶろくを造り、レストランを営業するのは大変だったが、自分の料理を楽しみに来てくれるお客さんが励みだった。お店の経営がやっと軌道に乗った頃に震災が起き、避難で営業ができなくなってしまったが、避難先でどぶろく作りを再開し、2019年5月、営業再開の目処も立ち、開店の案内のチラシには、「ちえこ、生きる」と書いた。いつかまた飯舘の米でどぶろくを作りたい。

Iitate, Fukushima, 2015
—Chieko Sasaki at her restaurant, Chieko's Café

第3章 島日記

The Island Days

1 「おかげさまで」——ラハイナ浄土院日記
Lahaina, Maui

曲がる角を間違えて、だいぶ手前でフロントストリートに入ってしまった。レストランや土産店が並ぶ狭い道路、観光客が車道にまであふれでてくる。ラハイナの住人ならば避けて通るこの辺り、抜け出すにはしばらくかかる。

アウトレットショップを過ぎるとようやく人通りは少なくなる。Jesus Coming Soonの青い看板を左に曲がると、突き当たりのビーチで泳ぐ人たちの車がびっしり並ぶ。

ビーチに面した共同墓地には、「無名氏」とある墓石が並んでいるのが目を引く。中国移民の墓石だ。その周りに日系移民の墓石がある。墓地の半分が砂に埋もれてしまったのは、奥に船着場が建設され、このあたりの潮流が変わったからだ。船着場の桟橋は一九九二年のハリケーン・イニキに破壊され、入り口はフェンスで閉じられている。かつては今の倍は長かったこの桟橋から、たくさんの兵士たちが第二次世界大戦の戦地に向かった。

© Stanley Jenco

墓地の向かいにラハイナ浄土院の三重塔が見える。一九一二年、日系移民が開寺したラハイナ浄土院には、ハワイ州にある寺院のなかで唯一、大佛像がある。本堂の脇を進めば大きなラナイ（テラス）があり、目の前に海がひろがり、正面にラナイ島、左手にモロカイ島を望む。

ここ、プウノア岬に建つこのお寺は、一九八三年、倉本聰脚本、実相寺昭雄監督のテレビドラマ『波の盆』の舞台となった。笠智衆演じる日系一世のもとに、勘当した息子の娘、石田えり演じる孫が、新婚の夫とハネムーンにやってくる。ドラマはこの寺のボンダンスでクライマックスを迎える。盆の法要のあと、故人の名や追憶の想いが描かれた灯籠を海に流し、太鼓の演奏と、ボンダンスが始まる。

ラハイナ浄土院のボンダンスは、日系人や仏教徒に限らず、マウイの誰もが楽しみにしている夏の風物詩である。

二〇一一年七月、初めてラハイナ浄土院のボンダンスを訪ねた朝、朝六時にお寺に行くと、かまどには薪がくべられていて、もう何度目かのご飯が炊きあがっていた。手伝いに来ました、と言うと、巻き寿司の手伝いをするように言われた。三〇〇本の巻き寿司を、夕方までにつくるという。

三つのかまどから、どんどん炊きあがるご飯をすし飯にして、ラナイ（テラス）に並んだ長机で女性たちが寿司を巻く。長いまま、切らずに半紙に包む。巨大な鍋を三人の男性が囲い、チョーフン（焼きそば）の麺を茹でている。チキンカツ弁当、漬け物つくりなど、夜の法要が始まるまで作業は続く。境内ではブースのテントを建てたり、やぐらを準備したり。高齢のメンバーたちだけではとても人手が足りないので、ほかのお寺や地元の人たちがたくさん手伝いにくる。

日が暮れて、盆の法要が終わる頃、参観者たちはお寺の裏の海辺に集まる。本堂から、故人の名が書かれた灯籠をもった列が、大佛像にお参りし、海へ向かう。ぼんやり光って浮き上がり、波の彼方に流れてゆく灯籠を見送ると、列は境内に戻

り、輪になって、太鼓が鳴り、ボンダンスが始まる。

ボンダンスでは、日本各地の盆踊りの曲が流れる。踊りも多様で、手ぬぐいを使うもの、うちわを使うもの、盆踊りというよりラインダンスのようなもの……。それらすべてを踊りこなせることが格好いいことであり、若者たちこそが率先して、独特のかけ声を間《あい》の手に踊っている。踊りの円は何重にもなり、やぐらの周りは熱気に包まれている。

ボンダンスを訪ねてハワイ各島を訪問するうち、私は、ここラハイナ浄土院開教使の原源照師、節子夫人と出会った。ハワイの人たちは、開教使が日本語教師を兼任していた習慣から、住職をセンセイ（先生）、と呼ぶ。

ラナイに座って、海を見ながら、原先生夫妻が見て来た日系移民たちのたくさんのストーリーを聞いていると、あっという間に時間が過ぎてしまう。

ゆっくりこのお寺で過ごしながら、ラハ

南無阿弥陀佛

イナの日系人たちにインタビューがしたい、ここに滞在させてもらいながら、取材をしたいとの申し出を快諾していただき、何度かお邪魔させていただいている。

原先生は八代目の開教使で、一九六三年に日本からやってきた。マウイ在住五〇年、御年八〇を超える先生は、お寺のメンバーだけでなく、マウイのコミュニティからも頼りにされている。節子夫人は、そんな先生を支え、いつも笑顔で、とてもチャーミングな人だ。おっとりとしている節子さんのことを、菩薩のような人と評した人もいるが、一九六八年の火事で本堂が焼けてしまった時、火の中に飛び込んで、御本尊阿弥陀さまを抱いて出てきたというエピソードの方が、節子さんがどんな人なのかを表しているだろう。

ふだんは、三女の弥生さんが二人を支えている。弥生さんがバケーションで留守にする間、私は弥生さんの部屋を借り、できることをお手伝いしながらお寺で生活した。それは「お寺の暮らし」だけではなく、移民が培った歴史と、日系一世が伝えた思いを尊重するコミュニティでの生き方を体験する日々だった。

お寺の一日

弥生さんの部屋はお堂の下にある。ドアを開けると、ラナイと海が見える。島の西にあるラハイナの朝は、少しひんやりとしている。朝六時前から、出勤前にひと波、サーフィンしている人たちがいる。ビーチに出るとトシさんがいた。九二歳のトシさんは、季節の花をもって毎朝ビーチにやってくる。ここに散骨したという、妻のマージさんを想い、花びらを海に浮かべる。そしてラナイのいちばん海側に座って、しばらく波をじっと眺めて、いつの間にかいなくなっている。

トシさんは、日系二世の志願兵で編制された戦闘部隊、第四四二部隊の兵士だった。第四四二部隊の退役軍人たちは、たいてい多くを語らない。トシさんも無口だ。補助器につかまりながらひょこひょこと、毎朝来るトシさんが気になって、毎朝ラナイで待ち伏せしたが、笑顔の彼から引き出せた言葉はいつも同じだった。

「ここにマージがいる」「この裏に住んでいる」「このあとマクドナルドにコーヒー飲みにいく」

私をコーヒーに誘っているのかどうか、判断がつかないぎりぎりの感じで言う。

七時半には、お堂から先生の唱えるお経が聞こえてくる。海に入ろうか迷っていると、上半身裸で赤い短パンの男性が近づいてきた。朝食の準備にキッチンに出て来た節子さんが、「あら、久しぶりね〜」と男に言った。タリバンという名のその男は、節子さんに頼まれた力仕事を手伝ってまたいなくなった。

フィリピンから来たタリバンは、向かいの墓地の住人だ。ほかにも何人かの住人が、墓地の奥にテントを建てたり、木陰に住処をつくって暮らしている。境内の芝刈りや水やり、庭掃除などを原夫妻にかわって用務員さんのように彼らがやり、お寺のシャワーやトイレを使う。お寺の行事があるときは絶対に近づいてこない。食事を一緒にしようと言っても同じテーブルに並ぼうとはしない。遠慮をしているのではなく、独りでいるのが好きなのだ。

墓地に住んでいる、と言えば日本ではホームレスと呼ばれるだろう。太平洋に浮かぶこの島では、墓場で暮らしたからと言って社会から孤立することはない。タリバンには親戚がよく訪ねてくる。甥の誕生日パーティ、クリスマスパーティなどにしょっちゅう呼ばれて帰ってきては、もらってきた野菜、フィリピンのお菓子、釣って来た魚などを持ってきてくれる。タリバンはすきっ歯で、女の子のような声をして、クリスチャンだから、先生をファーザー、大佛をロード・ブッダと呼んでいる。

午後はマンゴー取りをした。大佛の横にあるマンゴーの木は、ヘイデンマンゴーとスパニッシュマンゴーの掛け合わせで、そんなに大きくはならないが、こってりと甘い実をたくさんつける。棒の先に袋がついたシンプルな仕掛けのものでマンゴーをつっついて、袋の中に落とす。マンゴー取りには先客がいた。お寺のコテージに住むフィリピーノの母子だ。お寺のまわりには数軒のコテージがあり、貸家にしていて、お寺の定期収入になっている。幸運にもこんな場所に住処を構えることができた人たちは長い間住人となるので、空き家となることはない。

お寺の木だから取るな、とは先生は言わない。ただ母子の周りをうろうろしている。母親もすこし後ろめたいのか、上のほうにあるのをとってあげる、と言ってひょいひょいと高いところに登り、こちらに渡してくる。すぐにバケツいっぱいとなった。

誰かがたわわなバナナを何房もつけた枝を持ってきてホールに置いて行った。次に来た人たちがそこから少し持って行く。コミュニティスクエアのようなこのお寺には、メンバーや訪問客がやってきては帰り、お茶を出したりラナイでお話ししたりしているとあっという間に日が暮れる。

ラナイでの夕食は、毎晩壮大なショータイムだった。ラナイ島とモロカイ島のまんなかに太陽が沈んで行く。雲が動くごとに色が少しずつ変わる空を反射した波面で、シーズン最後の鯨がはねている。サンセットを見ながらの節子さんの美味しい料理は、ここでの滞在のいちばんの贅沢である。今夜は、ハンバーグ、ズッキーニのソテー、ポテト、むらさきキャベツのサラダ、とうふのみそ汁、豆ごはん。テーブルに並べていると、リタとラリーが海から上がってきた。彼らもコテージに住んでいる。ラリーがラナイの横を通りながら、"Thank you for the beautiful day" と言った。こちらを向いていたけど、私たちに言っているわけでもなく、目の前のすべてに、ありがとうと言っているようだった。こんなふうに、ラナイの前を通りながら、ありがとう、と言っていく人たちは他にもいた。太陽があって、地球が動いて、浜辺では、すべてが日没の色に包まれて行く。誰もが、そこから目が離せない。つい出てくる言葉が、ありがとう、であり、いつもここに座っている原夫妻の姿を見ると、その気持ちを言いたくなってしまうのだろうか。

「毎日、全部、違うのよねえ」空を見ながら、節子さんは毎晩同じことを言う。

暗くなるにつれて、サーファーたちも帰っていくが、二人だけが残って、もう波はほとんどないのに、名残惜しそうに「これで最後」「これで最後」といった感じで順番に沖に出て行く。

「地球は丸いのよねえ。プカプカ浮かんだまま動いているのよねー」

陽は毎夕少しずつ消えてゆく位置を変え、やがて季節が変わる。

暗くなると、電灯の周りに羽アリが集まってきて、八時ごろにいなくなる。

「愛さん、鐘を撞いてみますか？」と言われ、先生についていく。

「正式なやり方ではありませんが、ここでは鐘は一回撞きます」と、先生がやり方を見せてくれる。撞木《しゅくもく》をゆっくり引いて放し、鐘を撞く。ごおーん、と大きな音が鐘から半球状に自分に向かってやってくる。音が通りすぎたあと、残響が少しずつ弱まりながら、うわんうわんうわんわんわんわんわん……と、その円周を広げていく。もう一度鐘を撞く。次々とやってくる円状の音が重なっていく。

午後八時の鐘のあと、先生たちは部屋へ戻る。誰もいなくなった庭に寝転ぶと、大佛の向こう側から、すぐ近くでやっているハワイアンディナーショー、『ラハイナルアウ』の音楽が、反対側からは、波の音が聞こえてくる。三重塔のすぐ横に月がのぼる。

先生の一日

朝七時半、本堂と慰霊塔と大佛さまを回って朝の読経を済ませた先生は、ラナイでヨガのクラスがあるからと、ラナイの掃除を始める。ラナイを借りるヨガの先生も掃除するつもりで来ているのに、お迎えするのだからと掃除する。朝食を済ませて、お堂の下にあるオフィスに行く。先生にはハワイ浄土宗総監としての仕事もたくさんあり、毎日たくさんのeメールのやりとりがある。オフィスで仕事していると、観光客がやってきて、大佛について質問する。先生はそんな人に、資料を引っ張りだしてていねいに説明して、さらにその資料をコピーしてあげる。仕事がひと段落して、やっとお昼、というときに、日本のテレビクルーたちがいきなり訪ねてきた。先生は大佛の前に連れて行って、長いことお寺について説明していた。先生のお昼はすっかり冷めてしまった。

原先生はタリバンやレオのことを「自由に生きる幸運な人」と称する。「外の人から見たら、いいところに住んで素晴らしいと思うかもしれないが、やはりこちらはとらわれている。人は来る、電話は来る、海のそばにおっても、海に入ることはほとん

どない。自由奔放な生き方をしている彼らは素晴らしいと思います」と。たしかに先生は忙しい。

午後、男性が先生を訪ねてきた。あまりこちらに目を合わせようとしない。先生と内緒話のように話したあと、掃除をはじめた。彼は軽犯罪者で、コミュニティサービス刑を命じられてここに来た。このお寺は、州の法務省、家庭裁判所から依頼され、コミュニティサービス刑代行機関の登録をしている。この刑は、青少年の軽犯罪者に対し、所定の時間、一定の社会奉仕を実施させる刑務で、各施行代行機関がプログラムの実施を担当している。年間十数人ほど、こうした人がやってくるという。多い人だと六〇時間の刑務となり、一日二〜三時間やっても何日もつき合うこととなる。彼らの仕事の成果について裁判所に報告するのも先生の仕事だ。

その夜はレストランでディナーの約束があった。

車に乗ろうとしたときに電話が鳴る。電話に出た先生は前のめりになって真剣に訴えかけるように三〇分も話していた。やっと電話を終えて戻ってきた先生は、「いや、今から海へ飛び降りるって言うから……」と言った。電話の相手は先生の説得で家に帰ったらしい。ようやくディナーへ向かう。でもそんなにゆっくりはしていられない。八時の鐘を鳴らしに戻らなくてはならない。先生は、そうやって、一日じゅう誰かのために動いている。

節子さんのこと

節子さんは、お寺の奥さんとしてそんな先生を支えている。ちょうどいい温度のお茶、ちょうど食べきれるくらいのお菓子、ちょっとしたおつまみを絶妙なタイミングで出す節子さんのおもてなしを楽しみにお寺に来る人も多い。節子さんのお料理のすごいところは、美味しいだけでなく、なにも無駄にしないところだ。

法要や法事の食事のあと、余ったものは皆で分ける。そのときお寺にはいちばん多く分配される。ハワイの定番料理に、マックサラダという、マカロニやポテトをマヨネーズで和えた、サラダとは名ばかりの高カロリーの付け合わせがある。そんなにた

くさん食べられるものではなく、だからよく残る。大量のマックサラダを断れずにいただいてしまっても、節子さんは上手にアレンジする。翌日はそのまま食べられる。次の日、少し固くなってしまったサラダに、節子さんはリンゴを薄切りにして混ぜた。その次の日、まだ残っていたマックサラダは、ふわふわの玉子の中に入ってオムレツとなった。買い物せず、捨てず、美味しくアレンジされて出てくるお料理のアイディアが、毎日楽しみだった。

　一見控えめな節子さんだけれど、燃えさかる本堂に飛び込んだ彼女らしいエピソードがもう一つある。近くの高級ホテル、カパルアリゾートでのコンベンションで、依頼していた太鼓奏者が急病で来られなくなった、代わりに太鼓を演奏してもらえる人はいないだろうかとの緊急の電話がお寺にかかってきた。きっと日本のお寺に電話すれば誰か知っていると思ったのだろう。先方は誰でもいいから来てほしい、と言う。先生も子供たちも尻込みする中、向こうも困っているだろうと、節子さんが、「私がやる」と言って高校生の娘を助手に連れ、たすきがけの浴衣姿で馳せ参じた。太鼓なんて打ったことはなかったが、母娘必死になって聞き慣れた盆唄の曲を打っているうちに、いつしか観客は大盛り上がり、最後は拍手喝采で、どこのプロ奏者が来たのかと言われたそうだ。「あの時は本当に死にもの狂いだった」と笑って思い出を話してくれた。

御詠歌を歌う節子さんは腹の底から声を引きだし、まさしく歌を詠んでいる。先生も節子さんも、皆さんのおかげでこのお寺があるのです、といつも口にする。

一世の糸

何も無駄にしない節子さんは、どんなものでもなかなか捨てられない。一世たちと共に過ごした記憶がある人も少なくなってきたハワイで、すべての記録が大事だと考える原先生も、オフィスに積まれたどんな書類も捨てない。ホールには、いつから置いてあるのかわからないナゾなものがたくさんある。そのひとつが大きな糸玉だ。直径五〇センチほどのブルーの玉と、三〇センチほどの白い玉。お盆の前の大掃除の際、だいたい毎年、何を捨てるか、捨てないかで原先生vs.娘たちでちょっとした口論にな

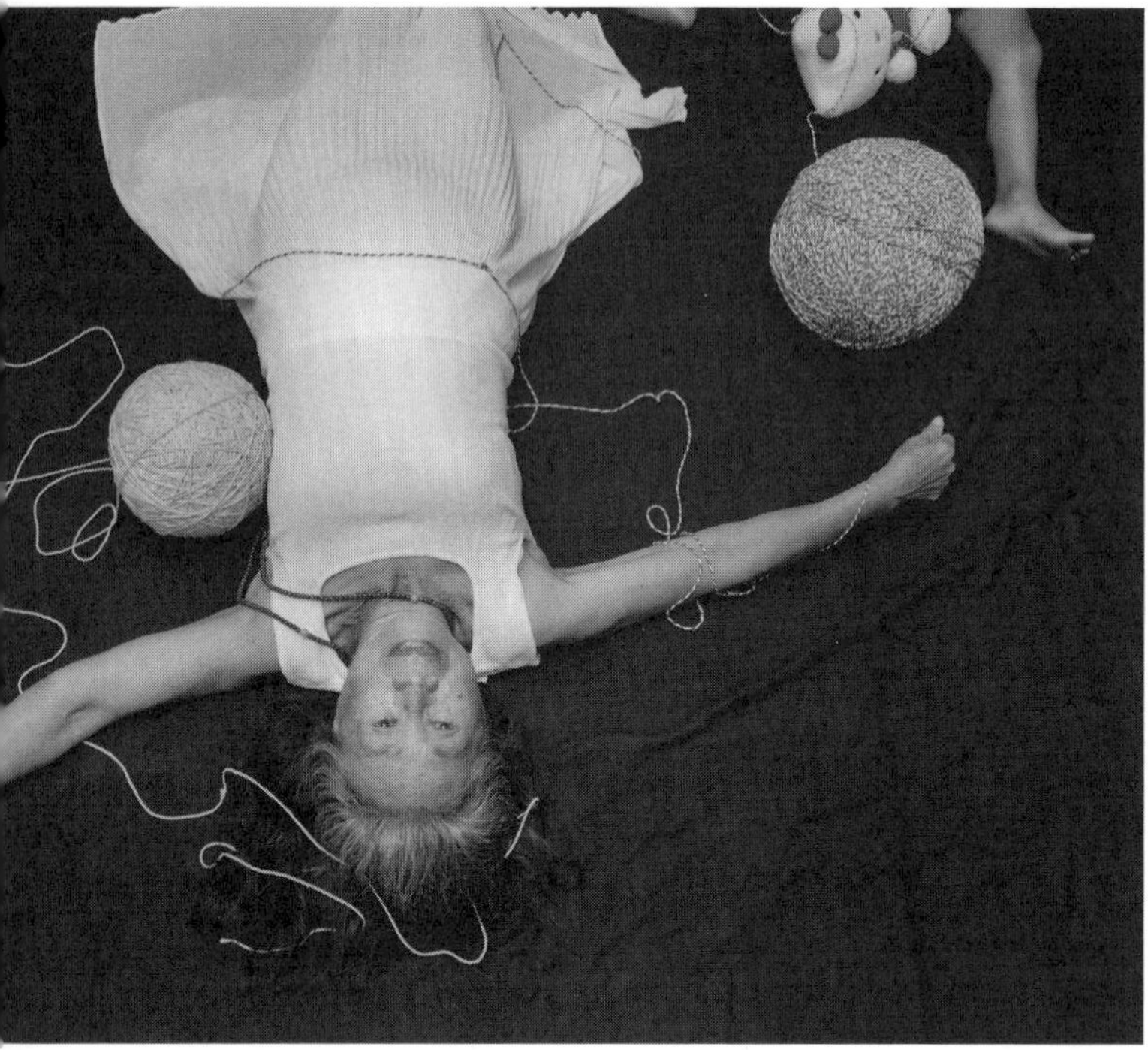

る。そんな話の横で、節子さんは糸玉が議題に上がらないようそーっとどこかに持って行く。
　糸玉をよく見ると、短い糸がたくさんの結び目でつながってできている。
「一世のみなさんがね、郵便小包を縛っていた紐を全部ほどいて、取っておいたのよ。こんな大きな玉になるまで。ものを大事にして、何も捨てなかったの。これは、私が受け継いだのよ」
　節子さんと、節子さんが大切にする糸玉を写真に撮りたいと思い、ホールにちょっとしたセットをつくって撮影させても

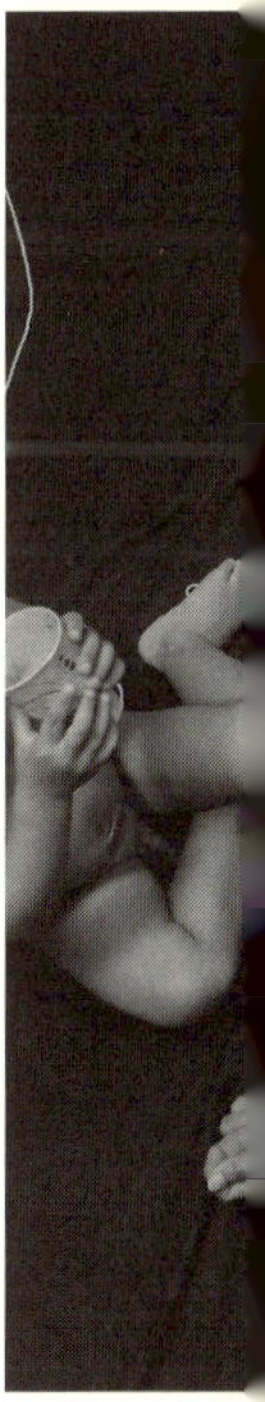

らうことにした。布を敷いて、ライティングして、白いドレスを着てきれいにメイクしてきてくれた節子さんに、糸玉をからめるように並べていたら、海から上がってきた節子さんの孫たちがわーっとやってきて、糸で遊びはじめた。
この子たちに、この糸玉は受け継がれていくのだろうか。

〝おかげさまで〟の謎

第三日曜の朝、九時半から法要が始まる。

先生は、日系一世が伝えた〝おかげさまで〟という言葉について語った。貧しいくらしの中でも生きていることのありがたさ、大きな感謝の意味と、仏陀の言葉の“Great Blessing”(大きな愛、慈悲)によって、私たちは生かされているとのお話だった。カフルイにある、日系二世退役軍人メモリアルセンターで発行している会報の名は、“OKAGESAMADE”という。下に小さく、Because of you I am、あなたがいて、私がいる、と書いてある。

ハワイにおける〝おかげさまで〟という言葉の意味が、私はかねてより気になっていた。

ホノルルの日本文化センターが発行する"KACHIKAN"というブックレットには、「孝行」「恩」「我慢」「頑張り」「仕方がない」「感謝」「忠義」「責任」「恥、誇り」「名誉」「義理」「犠牲」の言葉と意味が一ページずつ語られている。これらの言葉はセンターの常設展の入り口にも並んでいる。カフルイで毎年九〇〇〇人もの人が集まるマウイ祭りの会場にも、このKACHIKANに収められた言葉ののぼりが飾られている。これらの言葉は「おかげさまで」と共に、日本の価値観を伝える言葉として、日本語を話すことができない現在の若者である日系四世、五世以降の世代に標語のように伝えられている。

法要が終わってラナイに集まり食事をする。皆が少しずつ持ち寄って、お寺ではごはんを炊く。アサエさんのなすの芥子漬けはとても美味しい。田坂さんは和菓子をつくるのが得意で、焼きまんじゅうを持ってきた。シンディのしょうゆチキンをメインに、チョーフン、おから、サラダ、たけのこごはん、きんぴら、ポイ（タロ芋を蒸してつぶしたもの）、デザートには、四つに切ったマフィン。

このラナイのかまどは、度重なるサトウキビ農場のストライキの時に、賃金が入ってこなくて困っている労働者とその家族たちに食事を提供するスープキッチンとして作られた。単なる共同炊事、会食の場でなく、労働者が結束、団結し、目的に向かって前進するための場であったのである。

「一世の方がいた頃は、夜は時々、ラマラマといって、カンテラを頭につけて、腰に縄をつけ、獲物を入れるたらいを引っ張って、トーチライトフィッシングをする様を、ここで飲みながらみんなで火をたいて待っていました。一時間もしないうちにたくさんお魚がきて、みなさんと食べて飲んだりしていました」と先生は昔をなつかしむ。

「みんなが集まり、ふるさとの言葉で話し、ふるさとの食べ物が食べられる、共通の民族意識のための場所がお寺でした。昔は純日本的で、日本語学校もやっていました。戦争のとき、開教使などの指導者たちは、敵性外国人として捕らえられ、お寺も閉鎖しました。戦後、お寺が生き残って行くには、アメリカ的にならざるを得なくなり、宿命的に現在のハワイの仏教は変わって行きました」

たしかに本堂にはキリスト教の教会のように長椅子が並び、英語の仏教讃歌はまるで賛美歌のようだ。米国の日本仏教は広く受け容れられるために変容してきた。六〇年代、フラワーチルドレンたちが仏教哲学を一気にポピュラーにし、今では仏教学を教えない大学はない。ハワイ州では、クリスマスが聖日なのだからと、ブッダが生まれた日、花祭りも、州議会が"Buddha Day"として認定している。

フロントストリートのサトウキビ畑

法要が終わり、上野さん夫妻を車で送る。上野さんは、少年時代に日本で教育を受けた「帰米二世」で、それゆえ戦時には抑留の辛酸をなめられた人である。ラハイナのメンバーの中でも数少なくなった日系二世だ。お寺のすぐ前の、開発予定の広大な空き地の前を通るとき、上野さんがぽそっと言った。

「ここは全部、キビ畑でした」

その小さな声が時間を止め、車が背の高いサトウキビのトンネルに包まれた。真っ赤なシェーブアイスを食べながら歩いている少女がすれ違う。この先の、マウイでいちばん賑わっているダウンタウンも、サトウキビ畑だった。

サトウキビを目の前にして立ってみると、その大きさ、固そうな節、尖った葉がわかる。ラハイナは、貿易風の影響で雨が降らず乾燥していて、ハワイでいちばん暑いところ、とも言われている。背丈より大きいサトウキビを切り、束ね、運ぶ労働を想像する

メモリアルデイ

五月の最終月曜日はMemorial Day、戦没将兵追悼記念日である。マウイでも各地でセレモニーが行われる。ラハイナで行われたAJA（Americans of Japanese ancestry 日系人協会）主催のセレモニーへ行く。戦闘中に亡くなった兵士たちの写真が中央に、亡くなったばかりのダニエル・イノウエ氏を含めた退役軍人の写真がホールに並ぶ。ハワイの日系二世兵士は、死者も生存者も、最大限の尊敬を集め、讃えられている。

仏教の教え

ラハイナ浄土院の大佛と鐘は、日本人ハワイ移

Lahaina, Maui

民一〇〇年を記念し、実業家、大森正男氏と、日米の善意の人々の献身によって、一九六八年に奉安された。一世と二世の苦難を讃え、形にして遺したいとの人々の強い思いから実現したものであろう。

「やはりこのお寺の特別なところは、大佛さんという、目に見える存在が大きいと思います」と先生は言う。「浄土宗では指方立相《しほうりっそう》と言って、これは西方浄土、西に浄土があるということですが、阿弥陀さまは西でなくても、西へずっと行けば東にもどってくるわけだし、本当の佛さまというのは、形でなく、大慈、大悲、のことなのです。大きな愛で包みとってくれる存在であり、Eternal truth のことです。Eternal Truth とは、つまりDharma 法のことですが、それでは一般の人にはつかみにくいので、抽象的な概念ではなく目に見える存在であり、お参りできる佛さまがあるのが、仏教の伝統のないこちらでもわかりやすいのではと思っています。ボンダンスが大きくなったのもそのおかげだと思っています」

　ボンダンスに訪れる参観者は年々増え続け、コミュニティを潤す。コミュニティからお寺にたくさんのサポートが集まる。ラハイナのいくつかの老舗レストランからは、プレートディナーが何百食も提供され、オーナーが自ら販売し、売り上げをすべて寄付する。地元の消防団が警備し、救護室も提供する。臨時トイレや照明などもレンタル会社から無料で提供される。地域の神社のようだといったらわかりやすいだろうか。ラハイナ浄土院は、マウイのランドマークであり、ラハイナの住民すべてが氏子のように、名乗らずともそのメンバーであって、ボンダンスは、一つのお寺の行事を越えた、町をあげてのコミュニティ・イベントなのだ。

タコ仏陀

近くのミッションスクールのクラスに原夫妻が招かれ、お供した。CADアートを小学生に教えているトーマスが、クラスを連れてお寺を訪問したときの思い出をグラフィックにしたものを、原夫妻にプレゼンテーションしたいとのことだった。トーマスはよくお寺にやってきて、先生と宗教談義する。トーマスがあまりにも早口でまくしたてるので、先生はニコニコ笑いながら、slow down、slow down と言う。私を「隠し子です」と紹介したり、水を渡して「はい、holy water」などと冗談を言う先生はいつもの先生とちょっと違って楽しそうだった。

トーマスのクラスは小さな小屋だった。コンピューターの前に並ぶ子供たちはとても可愛いが、物理の授業の一環で描いたという「宇宙」を説明するプレゼンテーションで、最後に、「このすべてを私たちの神がつくった」と言われると、ぎょっとしてしまう。

プレゼンテーションのメインは、仏教の「八正道」(The Eightfold Path)、聖書の「八福の教え」(The Eight Beatitudes)、老子の「八道」(The Eight Matters of Heart)、それぞれ八つの教えを、「タコ仏陀」「タコジーザス」「タコ老子」の足に描くというカオスなものだった。トーマスはキリスト教と仏教について先生と語り合い、八つの教えの共通点を見つけたのだそうだ。原先生曰く、鐘を一一回撞くのは、最初の三回が「三宝」仏法僧、「八正道」の八回の一一回で、そんな話から、タコプロジェクトのアイディアを閃いたという。

「信ずるということは大切だが、信ずることで偏狭になってはいけない、組織ではなく、人間同士に根底をおいて、つながっていくべきだ」、と先生は言う。だから個人的な友人のトーマスとの関係を、とても大事にしている。

私は両親共にカトリック教徒の家に生まれた。一歳になる前日に洗礼を受け、日曜日は教会に行き、カトリックの女子校に通っていた。「信仰」とは何かと常に自問自答してた母は、私が一〇歳の時、あるプロテスタントのカルトに入信した。ある日学校から帰ってきたら、四〇足ほどの靴が玄関に並んでいて、リビングで寝そべった人の周りを大勢が囲んで、サタンが潜んでいるというお腹を押し出して泣き叫んでいた。神しか愛してはいけない、というその宗教の信念のもと、家族や、恋人を愛している人は責められた。やがて父も入信すると、家はそのカルトの教会となり、私が家出を繰り返すうち、マンションに建て替えられて、各部屋に信者の人たちが住み始めた。牧師夫妻が一階全体に陣取り、屋根裏のような部屋で暮らしている両親は、どんなことをしてでも得難い、真実の信仰にようやく出会ったというのだが、私には、どうしても両親が幸せそうには見えなくて、その牧師夫妻に対する怒り、何もできない自分に対する怒り、その怒りのエネルギーの中で、長い間生きた。

家を飛び出した私を支えてくれたのは、私を小さいころから知る、カトリック教会の両親の友人、絵本作家の大友康夫さんとパートナーの知津さんだった。どこか違う国に一人で行きたい、留学したいと言う私のために、アメリカのフリースクールの名簿を見つけてくれて、手紙の英訳をしてくれた。約五〇校に手紙を出して、返事が来たところから、カリフォルニアが日本にいちばん近いという単純な理由で、何校か一緒に見に行ってもくれた。

中学校はまともに行かず、英会話だけ通ってアルバイトをして、また、祖母の援助を受けて、私は、北カリフォルニアのペトロリアハイスクールに入学した。六〇年代にベイエリアで反戦運動をしていたフラワーチルドレンたちが、パートナーと森に移住し、やがて子供を持って、自分の子供たちのためにつくった全校生徒二二人の高校だった。家の建て方、電気の作り方、野菜の育て方、お金をかけずにアメリカ横断をする方法などを学んだ。学ぶことの楽しさを学んだ。私がハワイ移民に強く魅かれたのは、自分の場所を自分で切り開いた人たちへの強い興味があったのだと思う。

正しいことは、一つだけではない。ハワイでは、相手の文化や宗教を尊重する人がとても多いように思う。それはきっと、他者を尊重し、圧倒的な自然に感謝する、ネイティブハワイアン文化と、たくさんのバックグラウンドを持った移民たちが共に暮らす中で培われた知恵なのだろう。新興宗教もハワイでは盛んだし、家族の中に一人だけカルト信者がいたら、日本ではストレスになりそうだけれど、ここでは普通に受け容れられている。それぞれが信じるものを大事にしている。互いに自由を保証しあう。私にとってハワイがとても居心地が良く感じるられのは、こういうことなのかもしれない。

多種多様なタコ仏陀のカオスなイラストを、原先生はうれしそうに眺めていた。

CO-LIVING

仏教思想を表す言葉に共生（ともいき）co-livingがある。世界に存在するものすべては、お互いが生かし合っているという思想は、「おかげさまで」と通ずる。

ラハイナ浄土院近辺の住人たちは、仏教徒でなくとも、自然とその思想を分かち合い、お寺や原夫妻、メンバーたちを見守り、お互いの存在と、目の前の自然に感謝しながら暮らしているように見える。

サトウキビ畑はラハイナから消え、今日のハワイ日系人は、米国市民として豊かに暮らしている。歴史は目の前の大佛に息衝き、大佛のルーツに惹かれ、歴史が語られる。過去を知り、語り継ぐことで、「おかげさまで」今ここにこうして生きていられること、それが奇跡のようなことだと感謝している。

「一世が若いうちはがむしゃらに出稼ぎとして働いて、そんな言葉は出なかった、出せる余裕もなかったでしょう。年を重ねたあとに出てきた言葉だと思います。自分がどんな暮らしをしても子供はもっと幸せな暮らしを、とその先を考えていた。苦労した末の言葉が、『おかげさまで』だったのだと思います。この言葉の本当の意味は、もうハワイでしか使われていないでしょうね」

一世が伝えた「おかげさまで」は、今生きているもの同士のあなたと私だけでなく、自然の恵みがあって私があること、先祖のおかげで私があること、そしてすべてのことが同じように、大事な存在であること、と伝え継がれたのだ。


朝、早起きして海へ潜った。今日も忙しくなるし、泳ぐには朝しかないのだ。トシさんがラナイに座っている。タリバンが手を振っている。節子さんが朝食の準備にキッチンに出て来た。マンゴーはたくさんの実をつけている。パパイアも大きくなってきた。先生の読経が聞こえる。今日もたくさん人が来るだろう。プカプカと浮きながらお寺をながめる。

ラハイナ浄土院での滞在は、日系一世が伝えた「おかげさまで」を体感する日々だった。おかげさまです。ありがとう。

ラハイナ浄土院

ハイナ浄土院

南無阿弥

USA
25
Yosemite

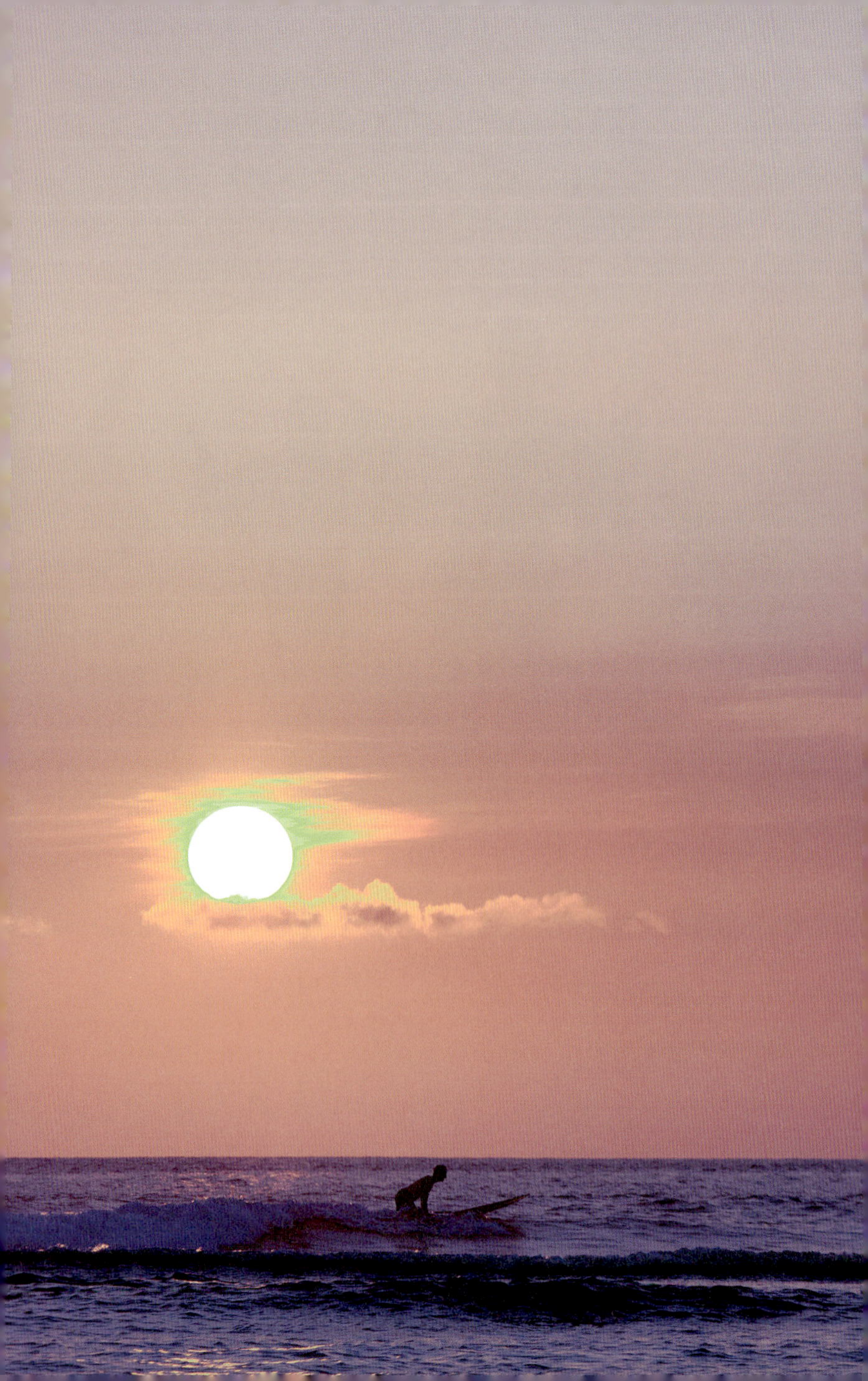

2 ハナのボンダンス
Hana, Maui

マウイの東端のハナは、カフルイから約八〇キロだが、二時間半かかる悪路の先にある、近くて遠い、小さな町だ。かつてはサトウキビの町として栄え、日系人も多くいたが、今では、昔からそこに暮らすローカルと、静かに暮らしたい移住者たちがともに暮らす、人口一〇〇〇人強の、ジャングルの中の小さなコミュニティである。

熱帯雨林地帯に入ると、曲がりくねった細い道のカーブごとに小さな橋がかかっている。ハナへ行く際には前日の天気をチェックしておかなくてはならない。雨が降ったら、しょっちゅう通行止めとなる。東に向かう朝、逆光に透き通る木洩れ日に包まれながら、尾根の滝から橋へと溢れた水の上を渡り、やがて深い竹林を抜ける。初めてハナに来たのは二〇一二年、当時カフルイ本願寺にお務めされていた開教使の曽我大円師の案内だった。曽我先生は、ハナ本願寺に連絡をとってくれて、二世のスミエさんと娘のマーナさんが迎えてくれた。ふだんは誰もいないハナの小さなお寺は、象の隅棟鬼《すみむねおに》飾りが落ち、埃をかぶっていたが、本堂には立派な阿弥陀如来像が鎮座していた。二人は曽我先生がお参りしてくださるのをとても喜びながら、ポツリポツリと昔のことを話してくれた。

全盛期には六つの製糖会社がハナにあり、映画館も二つ、たくさんの商店があり、賑やかな町だったこと。ここには多数の日系人が集まっていたこと。

本堂に飾ってある写真には、着飾ったたくさんの日系人が並んで写っている。

一九四〇年にここに日本語学校ができた時のものだ。今ではメンバーは二人きりになってしまった。
「ここでボンダンスがもう一度見たいのよ」
そう言った二人の言葉が突き刺さり、なんとかできないものだろうかと、私はそれから考え始めた。
それからマウイへ行くたびにハナにも行くようになり、マーナさんにハナの墓地に連れて行ってもらって撮影したり、マーナさんにケイさんを紹介したりしているうちに、スミエさんは亡くなってしまった。マーナさんは、スミエさんを弔うためにもにますますボンダンスを復活させたいと思うようになった。やがてハナに移住した若手の日本人やローカルの人たちが中心となって、ハナ仏教寺院保存協会が結成され、お寺はハナ・ブディスト・テンプルとして生まれ変わった。

二〇一六年、三八年ぶりにハナでボンダンスが開催された。マウイ太鼓の忙しい夏の最後、彼らはハナへとやってきた。マウイ島で唯一、盆唄を演奏する団体である彼らは、そこにボンダンスがあるなら来るしかないのだ。竹で作られたやぐらにたくさんの花が添えられ、ハナならではのボンダンスとなった。遠路ハナの旅を楽しめるようにと、マーナさんはじめ、ハナ仏教寺院保存協会のメンバーたちが、マウイ太鼓や踊り子たちに宿泊施設を用意し、泊まりがけのボンダンスが、マウイの夏の終わり、ボンダンスのカレンダーに加わることになった。

3　周防大島 沖家室
Okikamuro, Yamaguchi

参列者が多いほどより長くなるサーカットで葬儀の集合写真を撮影したのは、故人の最期にどれだけの人が集まったかを記録するためであり、また、その記録を葬儀に参加できない日本の親戚に送るためであったと、ラハイナ浄土院の原源照師から聞いて以来、日本のどこかにあるはずの、ハワイから送られた長い写真を見つけたいとずっと思っていた。それを見つけてどうしたいのかわからないが、押入れかどこか暗いところに、ハワイから送られた長い写真が丸まって仕舞われているのだとしたら、それをなんとか、広げて伸ばして、見てみたい。探しに行こう、と思った。

写真が保管されている可能性がいちばん高いと思われるのは、山口県周防大島とその離島、沖家室《おきかむろ》だった。周防大島からは官約移民の初期から多数の移民がハワイに渡り、やがて起業した成功者も多

い。もしかしたらどこかに写真が残っているのではないか。
二〇一三年四月、私は、周防大島を訪問した。ずっと行きたいと思っていた日本ハワイ移民資料館には、たくさんのパノラマ写真が展示されていた。溶岩の写真に彩色されたものなど、見たことのないものもたくさんあった。だが、写真の寄贈者でご存命の方から話を聞くことはできなかった。
周防大島の離島、沖家室に渡り、原先生からご紹介いただいた、沖家室の泊清寺《はくせいじ》の住職、新山玄雄《しずお》師を訪ねた。ちょうどお寺の集まりがあるということで、長い写真をどこかで見たことがないか、と新山師が呼びかけると、なんと島の小さな祠、薬師堂に写真が飾ってあるというおばあちゃんがいた。薬師堂の管理をしている山田スミエさんに、案内をお願いした。島の人口は一三七人、島全体を歩いて一周できる小さな島に、かつては三〇〇〇人以上の人々が暮らしていたという。

小さな丘を登ったてっぺんに、その祠があった。扉を開けると、

二枚のパノラマ写真が飾ってあった。柱には、『寄贈　大谷松次郎・木村武雄』とある。

大谷松次郎といえば、一世の実業家の名士で、魚の卸業、ユナイテッド・フィッシング・エージェンシーの創立者だ。日本国外で唯一、築地と同じ方法でマグロのセリを、いまでも行なっている。

パノラマ写真の一枚は、沖家室出身者の会のピクニックの集合写真、もう一枚は、さまざまな衣装を着飾り楽しそうな日系人が並ぶ厄年パーティの写真だった。日系人は、厄年に集まって寸劇や宴会などを行い、厄を払う習慣があった。写真の中心に大谷松次郎がいた。スミエさんにお礼を言って、写真を複製させてもらった。

その後、ホノルルのユナイテッド・フィッシング・エージェンシーに、大谷松次郎の息子、アキラさんを訪ねに行った。会長を務めているアキラさんは、九〇代の今も矍鑠《かくしゃく》としている。アキラさんに沖家室で見つけた写真のコピーを渡した。「アキラさんはどこにいますか?」と尋ねると、写真をゆっくりと見回して、写真に並ぶ一一歳の自分を指差した。

4　ボンダンスの季節
The Bon Dance Season

五月末になると、新聞各紙に今年のボンダンスのスケジュールが発表される。六月から九月の毎週末、オアフ島、ハワイ島、マウイ島、ラナイ島、モロカイ島、カウアイ島の各島で、金、土の二日間開催されるボンダンスを含め、二〇一八年はのべ九〇夜ボンダンスが開催された。たいていの寺院で何月の第何週、と慣例で日程が決まっているが、海に灯籠流しを行うオアフ島のハレイワ浄土院などは毎年潮流により決まり、ハワイ島ではいくつかの寺院が隔年で順番を交替するなど、イレギュラーもいくつかある。オアフ島では、オキナワンフェスティバル、ハワイプランテーションビレッジなど、寺院ではない場所でのボンダンスもあるが、最初に開教使がやぐらの上で簡略化した盆法要を行い、あくまでも仏教行事として開催される。

二〇一五年と二〇一六年の夏、私は三ヵ月間ハワイに滞在して、各島のボンダンスを訪ねた。週末はボンダンスに行き、準備を手伝いながら、付近のサトウキビ畑のキャンプにあった墓地の情報を集めて、夜はボンダンスを踊って撮影し、週明けに教えてもらった墓地を探して、撮影する。週末までに、次のボンダンスに移動する、それを三ヵ月間繰り返す。ずっとやってみたかった計画だった。サーカットを担いで、各地の友人宅やお寺にお世話になりながら、マウイからカウアイ、オアフ、モロカイ、ラナイ、ハワイ島と巡った。いつか、すべてのボンダンスに踊りにいけるだろうか。

マウイでフクシマオンドを演奏するのはマウイ太鼓だけで、三ヵ月間の毎週末、すべてのボンダンスの演奏を担う彼らには休みがない。オアフ島には八〇名を超えるメンバーが所属するホノルル福島ボンダンスクラブをはじめ、アイエアやぐら組、エヴァボンダンスクラブなど、プランテーション時代にルーツをもつ団体のほか、寺院に属する太鼓団体でフクシマオンドを演奏する団体などが複数ある。生演奏はほかにも、山口県の岩国音頭と、沖縄のエイサーなどをボンダンスに発展させた各曲があり、寺院によっては二夜続くボンダンスの最初の夜がフクシマオンドで、二日目の夜が沖縄の演奏になることもある。

フクシマオンドはかつて、べっちょ踊りと言われていた。東北弁で女性器を表す

「べっちょ」は今では「ノー。ワルイコトバ」と言われ、Fワードのように日系人の間で禁句となっている。福島で、べっちょって知ってますか？　と言ってみると、あんた意味わかってんの？　と心配そうにたしなめられる。

　唯一、ハワイ島ヒロボンダンスクラブは、「べっちょの伝統を守る」と言って、べっちょ、べっちょと歌い続けている。クラブのメンバーの若い子たちに、意味を知ってる？　と聞いてみたら、小さな声でyesと言った。


　元来盆踊りとは、農閑期の男女の出会いの場であった。子孫繁栄という大事なミッションは、先祖供養として発展したハワイのボンダンスでは薄れていった。べっちょ、と歌っているのはもう世界でヒロボンダンスクラブの彼らだけだろう。雨が多いハワイ島のボンダンスは、雨が降っても誰も踊りをやめない。ぜひ逆風に負けずに伝統を守ってほしい。

　太鼓団体がいない島、ラナイ島のラナイ本願寺はマウイ・オボン・ドラマーズほかボンダンス愛好家有志が、モロカイ島の曹洞宗弘誓寺《ぐぜいじ》はオアフから、ハワイ祭太鼓や宗明太鼓が出向いて演奏する。離島のボンダンスは、船や飛行機に乗り泊まりがけで行く、ボンダンサーが楽しみにしている夏のバケーションでもある。

三ヵ月間、毎週末に顔を合わせ、踊り、屋台の食事を楽しむ。ボンダンサーはどこにでも集まり、とくに自己紹介をせずとも顔見知りという人たちが増えてくる。話をしたことはないがよく行く飲み屋で見かける人たちと違う店で偶然会うような感覚で、ボンダンスを介した交友関係が広がっていく。日本に帰る直前、最後のボンダンスのときだけ、そうした顔見知りにはじめて話しかけてみる。もう、明後日日本に帰るから、私の最後のボンダンスなんだ。また、来年来るね。まだ、各島の最後のボンダンスを体験したことがないけれど、毎週末踊るボンダンスの季節が終わる、島のいちばん最後のボンダンスの夜は、来年までのお別れとなり、みんながこんな気持ちになるのだろうか。

5　最後のサトウキビ畑
Kailua, Maui

未知の墓地との出会いは、その墓地のことを気にかけている人との出会いから始まる。その人に出会い、藪の中へ導いてもらうことができれば、ひっそりと眠っていた一世にたどり着き、やがてその墓石の群生と対面することができる。墓地の記録は、一世のことを想い続ける人との出会いの記録となった。

マウイ島に滞在中、ケイさんの夫のロナルドから、本願寺の古い墓地がサトウキビ畑の中に見つかった、本願寺のメンバーが見に行くらしいけれど、一緒に来る？　という誘いを受けた。今は閉山したパイア本願寺の古い記録に、Hawaiian Commercial & Sugar社の敷地内に墓地を借りている書類が見つかり、その記録を継いだマカワオ本願寺のメンバーが、どういう土地なのか見学することになり、私に声をかけてくれたのだ。

HC&Sの農園マネージャー、ロドニー・チンと初めて会ったのはその時だった。ロドニーは大きなトラックでHC&Sのオフィスにやってきた。三万六〇〇〇エイカーともなるHC&S広大な農園、その半分の水路の管理が仕事だというロドニーは、墓地のことは以前から知っていたという。これまでにも、HC&Sのキャンプの中にかつて住んでいた日系人が、墓参りしたいと訪ねてきたことがあり、古い地図とGPSを頼りに墓地を見つけ、サトウキビ畑の中を案内したそうだ。

トラックを止めて、サトウキビの茂みの奥へ登っていく。シュガーケーンナイフで道を切り開きながら進むロドニーについて行くと、背丈ほどある草むらに、一つ、また一つと、墓石が現れる。

正面に戒名が、横面に出自が書いてある。

福島県信夫郡吉田村　守口勝蔵　享年二二歳　明治四三年一〇月三一日
福島県信夫郡佐倉村大字下　佐久間粂蔵三男勝治　享年八歳　大正八年一月八日
広島県（以下判別できず）　尾上松太郎　明治四二年　享年二三歳
広島県　渡邊理長女　正代　明治四四年一一月七日
山口県　粕谷誠一長男　明治四三年一一月二日

「この間来た時よりひどいな」

ロドニーが新しい墓地を見つけ、私が写真を撮り、メモを取る。見つかった一三の墓石の周りの草を、ロドニーは刈り続けた。もう、読めるから大丈夫、と言っても、その手を休めなかった。ふと見ると、彼の手から血が流れていた。熱心に草を刈って、シュガーケーンナイフで切ってしまったのだろうか。

パノラマカメラの撮影には、時間がかかる。三つに分かれた三脚の足を組み、回転

Tomijiro Watanabe, Keahua Camp

するリール部分を載せ、レベルを取る。カメラを載せ、フォーカスを合わせ、フィルムテントを開いてボックスにフィルムを詰める。遮るものが何もないサトウキビ畑の太陽の下、同行者を待たせていることを気にしながら、撮影を終えた。

帰り際、ケイさんが、私の曽祖父はここに住んでた、と言った。標識には、Keahuaとあった。その瞬間、風に揺れるサトウキビに、ケイさんが前日に見せてくれた写真に写る、彼女の曽祖父の顔が浮かび上がって見えた。


オフィスまでの車中、ロドニーは私に言った。

「他にも墓地があるよ。興味があるなら日を改めて連れていこうか？」

これまでロドニーしか知ることがなかった墓地への、私の強い興味を察してくれたのだろうか。ありがたい申し出に二つ返事で案内をお願いした。

その日からロドニーは私の墓仲間になった。それから、数えきれないほど、サトウキビ畑の中へ連れていってもらった。広大な農地のすべてを知り尽くしている彼は、三五年前に働き始めた頃はまだ残っていた、キャンプの商店や教会の建物のことを教えてくれた。ここに住んでいた人のことは、誰も知らない、と言いながらも、ずっと墓地を気にかけてくれていた彼のおかげで、HC&Sのサトウキビ畑に、三つの大きな日系墓地があることがわかった。

福島からハワイへ、初めてフクシマオンドを伝えた移民が住んでいた家の場所を探しあてることができたのも、ロドニーが助けてくれたからだった。ケイさんの曽祖父、太鼓と唄を伝えた信夫郡の渡邊トミジロウさん、笛を伝えた伊達郡のニヘイショウスケさん、踊りを教えた伊達郡のアベアサさん、演奏者をとりまとめていた信夫郡のコバヤシチュウイチさん。彼らの子孫から話を聞き、記録を探したり、当時のキャンプの地図を頼りに記憶を辿ってもらったりして、キャンプのどこに住んでいたかを特定していくと、ロドニーが新しい地図を重ねて、それがどこかを割り出してくれた。

フクシマオンドを初めてハワイに伝えた四家族の家族写真を、彼らが暮らした家があった場所のサトウキビに投影する。ケイさんの一言で浮かんできたイメージから始まった、私のそんな無茶な計画も、ロドニーが助けてくれなければできなかった。日本から持ってきた五〇〇〇ルーメンの光学式プロジェクターと、ロドニーのジェネレーターをトラックに積んで、夜のサトウキビ畑へ、何度も連れて行ってくれた。

ヒゲの下の顔はいつも無表情で、楽しんでくれていたのかはわからないが、プロジェクターを初めて灯けて、サトウキビ畑にケイさんの曽祖父のトミジロウさんの写真が浮かんだ時、ロドニーは破顔して、「Wow! Nice!」と言った。風がざわざわと吹いて、サトウキビという生き物の上に、トミジロウさんが蘇ったように揺れていた。

そんなことを何時間でも、何も言わず付き合ってくれた。それが申し訳なく、お礼を渡そうとしてもお金は絶対に受け取らなかった。

二〇一六年一二月一七日、ハワイ最後の製糖会社だったHC&Sが廃業し、ハワイの砂糖産業の歴史に幕を閉じた。ハワイの農業従事者賃金はいつしか世界一となり、砂糖は南米から輸入するほうが安価となってしまったのだ。創業一三四年のHC&Sに雇用されていた六〇〇人の従業員は職を失った。マウイにはショッキングな出来事だった。

HC&Sが所有する敷地の水路を知り尽くしたロドニーは、管理者として引き続き雇用されることになっていたが、引退を考えているという。緑のサトウキビ群生は、赤土の谷に姿を変えた。

「サトウキビが手をふっていたのがなつかしいよ」

フクシマオンドの創始者たちのところへ、ロドニーが連れていってくれた夜、見渡す限りのサトウキビの上に、満月がのぼった。月の光しかないお盆のこんな夜、福島からやってきた一世たちは、フクシマオンドで踊っていたのだろうか。

6　パホア日系人墓地
Pahoa, Hawaii

「溶岩《ラバ》には引き込まれてしまう。昼間はずっと見てられるんだけど、夜の溶岩は見たくない。あの時のことを考えると、今でも少し動悸がする」

溶岩に囲まれながら、奇跡的に残った佐東家の墓地がある。日系三世の佐東アイコさんは、一〇〇年以上前からあるこのお墓を、パホア日系人会のメンバーと共に守ってきた。

二〇一四年のラバフロウに残った、パホアの日本人墓地、大きなラバの波のうねりが、二六九の墓石を飲み込んだその瞬間を連ねて止まっている。まるで津波が固まったかのような波の上を歩くと、ラバがどこからやってきたのかが見える。墓地の八割をのみこんだ溶岩は、ここで止まった。

いつでも墓参りができるように、花農家となった佐東家では、自宅の農園にたくさんのアンセリウムやジンジャーを育てている。溶岩にふくまれる有機物によるものか、ハワイ島の植物はなんでも巨大で、恐竜の島に迷いこんでしまったような気持ちになる。

パホア日系人協会の盆法要にも、アイコさんが育てた巨大な花が大量に並ぶ。お花を供えるのはここでは女だけの仕事ではない。それぞれが大きく重く、かなりの力仕事なのだ。アイコさんの育てるアンセリウムは人の顔よりも大きい。市場では、白にグリーンと赤がまだらになった、「オバケ」と呼ばれるものが好まれるという。

アイコさんがお参りするのは佐東家の墓だけではない。佐東家の墓地の向かいの無縁塔、隣の墓、後ろの墓、この墓地のいちばん古いお墓で、橋本シズさんという一世の墓。高齢でお墓参りに行けない近所の方の分もお参りする。父が祖父から墓まいりするよう言いつけられていたという、祖父の友人のハマモトさんのお墓にいたっては、ここパホアではなく、カポホの墓地にあったのだが、足場が悪くなり、お墓参りに行けなくなったので、ヒロに墓地を買って移築したのだという。その費用を払ったアイコさんは、ハマモトさんに会ったこともない。

Pahoa, Hawaii

「人は死んでも、魂は生きている。両親にずっとそう言われ、ここを守るように言われました。溶岩が来る前は、週に一度はお参りに来ていました」

祖父は広島から一九〇六年にやってきて、その後、写真の交換だけで見合いして結婚を決めた「写真花嫁」の祖母と結婚した。働き者の祖父は、元日しか休まず、毎日往復九マイル歩いて通勤し、出勤前と帰宅後に毎日酒を飲み、六一年に脳卒中になるまで働き続けた。祖父母は一四人の子供を作り、父は長男だった。

アイコさんの父は生前、パホアの墓地に眠る一世たちのことをいつも気にかけ、記録を調べて本にしようとしていた。親戚の多くはアメリカ本土にわたり、長い間交流もなかったが、『ペレに守られた佐東家の墓』は全米ニュースとなり、佐東家は再会の場を企画する。二〇一五年、溶岩が固まると、ハワイ、ラスベガス、カリフォルニアに散らばる佐東一族が五〇人ほど、一堂に集まった。佐東家が集まるのは、一九八二年以来のことだった。近所に住んでいてもあまり話すことがなかったエイコ叔母さんとも、これを機に、時々一緒にお墓参りに行くようになったという。八六歳のエイコさんも、足元が不安で一人では行けなかった墓参りに、アイコさんと来られるようになり喜んでいる。

「あの溶岩流の姿は、あの場にいなければ感じられない。あれほどの力から、お墓が残って、この場所がどんなに大切な場所か、気づかせてくれました。ここには死ではなく、命が生きている」

「生きている」だけ日本語で、アイコさんは言った。

7 モロカイ島 カラウパパ
Kalaupapa, Molokai

ホノルルから三五分。オアフ島からいちばん近い島なのに、セスナ機を降りた瞬間から、まるで太陽がさっきとは違う天体であるかのように、すべての色の彩度が上がる。

東西六〇キロ、南北一六キロの横長の小さな島モロカイには、信号がない。人口八一〇〇人、うち約半数がネイティブハワイアンの血を引いているという。ホテルは一軒。ハイスクールも島にひとつ。モロカイ島は、ハワイのほかのどの島とも違う。

島の北、高低差約五〇〇メートルの崖を降りると、かつてハンセン病患者を隔離していた半島、カラウパパがある。一八七三年にベルギーから赴いた宣教師、ダミアン神父の尽力で、強制隔離されていた患者たちの荒廃した環境が改善された。患者たちの静かな暮らしを守るために、今も立ち入りが制限されている。

カラウパパの人たちが「Ｔｏｐ」と呼ぶ、モロカイの他の地域から半島へ行くには、住人の招待を受けてこの崖を歩くか、ミュールに乗るツアーに参加するしかない。銀行は数ヵ月に一度、公民館にやってくる。車はボロボロになっても乗り続けられる。人気のない、小さな海辺の町、静けさに風の音が響く。

カラウパパの東側には、住人のための小さな空港がある。

カラウパパへは二度訪問した。一度目は崖を歩いて降り、二度目はセスナ機で、

Kalaupapa, Molokai

サーカットを運んだ。

空港からカラウパパの町に行くのに、最初に通り過ぎるのが墓地だ。

そこには日本人墓地があり、福島の移民の墓石があった。

8　カウアイ島 カウマカニ
Kaumakani, Kauai

コロア浄土院の石川広宣師に、ボンダンスに訪問したいこと、プランテーション時代の墓地があったら案内してもらえないか連絡すると、すぐに返事をくれた。


とっておきの墓地がありますので是非楽しみにして下さい。

悪路ですの四駆でしか行けませんが、墓地へたどり着けるだけで感動があります。

忘れられた日系人墓地を訪問し記録にとどめるのは、亡くなった方々を供養することにつながると思いますので、私もできる限り協力させて頂きます。

石川広宣　拝……


一八三五年、カウアイ島コロアで、ハワイで初めてサトウキビ栽培が始まった。

Kaumakani, Kauai

初期の移民が多数やってきたカウアイ各地には、製糖工場の跡がいくつも残っている。

石川師の四駆のトラックに揺られ、カウマニドと呼ばれる塩田がある一帯の海沿いの荒地の中に、打ち棄てられた工場があり、海のほうへさらに降りていくと、墓地が現れた。

墓地は海まで続いていた。

コロア浄土院のボンダンスの夜、月下美人が大きな花をつけた。

地中に伸ばした根から、白い花弁をひと晩だけ大きく開いたその花の命は、何度目の転生なのだろうか。

9　ラナイ島 ケオモク
Keomoku, Lanai

「やっぱり、ここからは歩くしかない」

昨夜降っていたという雨が道路をえぐり、大きな穴に流れこんでいた。トラックで

Keomoku, Lanai

たまにハンターが通るだけの、整備されていないデコボコ道を、クリス・リチャードソンの案内で歩きはじめた。ラナイ本願寺の門徒総代の彼が、年に一度お参りに行くという、ケオモク地区の墓地へは、ここから三キロある。赤土の森が海に突き当たり、海岸線を進む。砂浜は狭く、潮も満ちてくる。海水で重くなった足元に、一四キロのサーカットの重みがずっしりとのしかかる。

ラナイ島の東、ケオモクには、サトウキビ畑があり、かつて二〇〇〇人が暮らしたという。しかし雨量の少ないラナイでは、サトウキビ畑は二年しか続かなかった。

ようやくたどり着いた墓地には、三界萬霊、とある記念碑がひとつあるだけだった。キアベの木が、記念碑をその手で円く囲むように生えている。この碑の下に、日系人約八〇名分の遺骨が埋葬されている。

私が撮影する間、クリスがココナッツの木に登って、実を落としてくれた。墓地の果実は甘く、喉を潤した。

10 オアフ島 カワイロア

Kawailoa, Oahu

ハワイの玄関口であるオアフ島は、ハワイに通い始めた頃の私にとっては、トランジットに経由するだけの島だった。いつも限られた滞在時間の中でやりたいことがたくさんあり、なかなか新しい島への旅に踏み出せないでいた。

小さいながらも州都もあり、いちばん人口が多い島で、寺院も多く、いつか訪ねたいと思っていたオアフのボンダンスにようやく行けたのは、曹洞宗ハワイ別院の駒形宗彦総監、フェイ夫妻と知り合ってからだった。

ハワイ生まれの三世のフェイさんは、盆踊りの太鼓好きが興じて、ハワイで初めての創作太鼓の団体、ハワイ祭太鼓を立ち上げた。音楽が好きで、唄が好きで、御詠歌を歌い、フクシマオンドを習い、お寺のボンダンスではいつも歌った。お寺の奥さんとしてたくさんの人を助け、日系移民史の伝承に心を尽くしていた。

ボンダンスや墓地の撮影という私のプロジェクトを心から応援してくれて、オアフに滞在するときは別院にお世話になるようになった。住職のいないモロカイ島のボンダンスは、別院の住職や、フェイさんをはじめオアフの曹洞宗の太鼓奏者たちが出向いて執り行っていた。フェイさんと一緒にモロカイに行き、私はようやく念願のモロカイのボンダンスを経験することができたのだった。

リゾート開発が進んだオアフでも、北部のノースショアにはキャンプ時代の墓地がまだいくつか残っている。しかし、現在は私有地になっていて、自由に立ち入りはできない。ノースショアのカワイロアにある墓地が荒れ果てないように管理しているドイは、曹洞宗のメンバーだった。フェイさんと一緒に、ドイを訪ねて、墓地に連れていってもらった。

墓地にはバニアンツリーが生えていて、横に伸びる枝から垂れさがる根が墓石に纏わりついていた。気根と呼ばれるその根は、地面に辿りつくと新しい幹となり木の生長を助ける。そうやって両手を拡げていくように生長していくバニアンツリーは樹齢が長く、生命力旺盛で、長寿の象徴とされている。墓地にはいつも、あらゆる植物が墓石を侵食し、頼もしく育っている。

二〇一六年、フェイさんは膵臓癌だと診断された。生きたいと強く願い、闘病を続けていたが、二〇一八年一一月六日に息をひきとった。体重が半分以下になっても、太鼓を演奏していた。

葬儀には壇上に三〇名以上の僧侶が並び、七〇〇名を超える参列者が集まった。私のようにフェイさんに助けてもらった人がこれだけたくさんいたのだろう。故人の希望で最後は太鼓コンサートになり、ハワイのみならず北米を代表する太鼓奏者が次々と太鼓を披露した。かつてフェイさんに指導された彼らは、今ではそれぞれ太鼓団体を持ち、指導者となっている。

Special Thanks to The Grave Mates!

Myrna Costello, Maui Island

Miho Brower, Maui Island

Aiko Sato, Hawaii Island

Nick Kato, Hawaii Island

Mayumi Miura, Maui Island

Prof. Masafumi Honda, Cary Tanoue, and Craig Shimoda, Hawaii Island

Rev. Jeffrey Daien Soga & Kumika Soga, Hawaii Island

Kuuipo Kanakaole, Maui Island

Rev. Gensho Hara, Maui Island

Ritsuko Tokura Ellsworth, Hawaii Island

Rev. Ryozo Yamaguchi, Maui Island

Akiko Masuda & Hamakua Cemetery Stewards Ohana, Hawaii Island

Jason Koga, Brian Sato, Kay & Ronald Fukumoto, and Tokie Ogawa, Maui Island

Rev. Kosen Ishikawa, Hugh & Sally Ishikawa, Kauai Island

Roland Doi, Hawaii Island

Rodney Chin, Maui Island

Lisa Fleming, Kauai Island

Mike Miura, Oahu Island

Katherine Fujii, Dwight Ishiguro, Faye Komagata, Fumiko Sato, and Brian Y.Sato, Oahu Island

Rev. Mieko Majima, Kauai Island

Chris Richardson, Lanai Island

Tomiko Fujitani and Tomoe Violet Oketani, Hawaii Island

11　Fissure 8
Leilani, Hawaii

二〇一八年四月のある日、ハワイ島南東、プナ地区レイラニの道路に亀裂が生まれた。亀裂は少しずつ広がり、あちこちに増えて、やがて大きくなった亀裂から、ガスが出始めた。

「ラバが来る」。避難勧告された住人たちは、慌てて荷造りをして家を出た。

噴き出したラバの溢れ出る血脈は、レイラニを東へ横切りながら二〇〇世帯を飲み込んだ。東へ流れ続ける溶岩は、五月のある夜、一夜にしてカポホの三〇〇世帯の上を通り、海へ流れた。プナの住人たちは、毎日少しずつの決断を迫られた。どの程度荷物をまとめ、どこへ避難し、これからの生活基盤をどうするのか。いつまで溶岩流が続くのか、誰にもわからない問いに、自分なりの答えを見つけて行動しなくてはならなかった。

溶岩流のニュースを見て、どうしても今、ハワイ島に行かなければと思った。二〇〇六年からハワイ島に通い始めて、ここまで大規模な噴火は初めてだった。マウイ島で六月下旬からはじまる個展のために予定していたハワイ行きを早め、六月七日にハワイ島に飛んだ。

二〇一四年にプナ地区のパホアの町外れまで溶岩がやってきたときの通行規制はとても厳しく、安全が確認されるまでなかなか撮影ができなかった。今回は手を尽くして、プレスツアーに参加できることになった。


午後六時、住人がいなくなったレイラニ地区の入り口には検問ができて、警官や軍人が立っていた。指示されたガスマスクやヘルメットをつけて、ハワイとカリフォルニアの新聞社、香港のテレビ局と共に、米空軍の案内で車に乗った。

いつもドライブしていた道がふいに閉ざされ、レイラニの町へは境界ができていた。あちこちにバリケードがあり、消防や警察が駐留している。空は赤く濁っている。

一三二号線とポホイキロードのY字路を、ラバが横切っていた。その高さは三〇メートルはある。奥に赤いマグマが噴き出している。Fissure 8、今回の噴火が始まって「八つめの亀裂」と呼ばれたその形容しがたい生き物は、できたばかりのラバの大河に、地球の奥底から熱く跳ねあがる生命のかたまりを注ぎつづけていた。

溶岩流から発せられる磁力に取り憑かれ、溶岩に近づきたい欲望に、体が完全にコントロールされていた。一週間の短い滞在の間、日中は避難している友人を訪ね、夜はプレスツアーに通った。眠りの浅い夜毎、空は赤く染まっていた。

フィッシャー8は、夜になると島のどこからも見えた。島中の人たちが、同じ方向を見ているようだった。

三〇年間噴火が続いているキラウエア火山と隣接しているプナ地区は、度重なる溶岩流によって、そのほとんどが黒い溶岩に覆われている。海に流れ出る溶岩は日々地図を更新し、ドライブすると植相は時空を跨ぐ。

いつまた噴火するか分からない危険と隣り合わせでも、そんなプナに魅せられたさまざまな人たちが暮らしていた。昔から住み続けるハワイアンたち。移民の子孫たち。安い地価に惹かれ、自給自足の暮らしを夢みてやってきた若い移住者たち。誰からも邪魔されず、ひっそりと静かに暮らしたい人たち。電気、水道などのインフラ整備がない溶岩の上に暮らすには、たくさんのハードルがあり、相応の覚悟がいる。それでも、自分たちで家を建て、畑をつくり、手をかけ、時間をかけ、奇跡のような場所に、ここにしかない暮らしがあった。

ハワイアンには、土地を所有するという感覚がない。火山の女神ペレは、行きたいところへ行く。彼女がこちらに来るならば、それまで住めたことを感謝して、私たちは道を空けなければならない。プナで暮らすことは、ペレとともに暮らすこと。住人たちは、それを承知で家を建てた。

いま、人生をかけ、少しずつ完成させた家という作品が、ゆっくりと奪われていく。しかしその相手がペレである以上どうすることもできない。地球のマントルから直結して溢れ出るエネルギーに、ただひれ伏すしかない。

誰もが、深く深く喪失と向き合っていた。そして注意深く、相手を尊重しながら、会話を交わしていた。

流れ続けた溶岩は、約三ヵ月後に落ち着きを見せ、フィッシャー8は固まって、巨大な穴になった。次に行くときには、その上を歩いて行けるようになるだろうか。ポホイキには、新しい大きなブラックサンドビーチができた。破壊と創造を見せつけ、女神はひとまず帰っていった。

Salt Pond, Kauai

おわりに

二〇一八年夏、福島駅前の街なか広場で、今年もフェスティバルFUKUSHIMA!が開催された。震災後、大友良英、遠藤ミチロウ、和合亮一の三氏が中心となり、福島から新しい文化を発信しようと立ち上げた、プロジェクトFUKUSHIMA!が開催する盆踊りも、七回目の開催となった。

プロジェクトの情報配信プログラム、DOMMUNE FUKUSHIMA!のプログラムホストを、大友良英氏、二代目の開沼博氏から引き継いだ二〇一七年、私は、ハワイのボンダンス、福島移民などについての四本の番組を企画、配信した。その縁で、二〇一八年のプロジェクトFUKUSHIMA!主催の盆踊り、フェスティバルFUKUSHIMA!に、マウイ太鼓がゲストとしてに招待されることになった。

二〇一二年にマウイ太鼓に福島に来てもらって以来、毎年ハワイと福島を太鼓奏者たちと行き来して、夏のアテンド業務も最近は慣れてきた。初めて訪ねたハマクア浄土院のある町ホノカアは、映画『ホノカアボーイ』（監督・真田敦　二〇〇九年）の公開のあと日本人観光客が来るようになり、若者向けの新しいカフェや土産物屋がたくさんできて、町の様子が変わった。婦人会の女性メンバーは三名が他界し、火曜日の御詠歌の練習は残念ながらもうなくなってしまった。でもボンダンスに手伝いにくる若手も、ヒロから来る踊り子たちも増えてきた。道子さんは山の家から娘さんの住むヒロの近くの町に引っ越してしまったけれど、最後に会ったときは小さな庭につくった畑でできたゴーヤをくれた。

私が初めて墓地の撮影をした、荒れ放題だったオオカラの墓地は、近くに住む日系三世の女性、マスダアキコさんがコミュニティに声をかけて掃除のグループをつくり、今では月に一度手入れされて、埋もれていた墓石が多数見つかった。ラハイナ浄土院に毎朝花を握ってやってきたトシさんとは、マクドナルドで一緒にコーヒーを飲むことはできないまま、トシさんはマージさんのもとに召されてしまった。サトウキビ栽培が終わったHC&Sの広大な農地は、何に転用されるかまだ決まっていないが、ロドニーはまだ水路の管理者として働いている。実はロドニーと同じ仕事をしている人がもう一人いると最近知った。あと半分の敷地を管理しているらしい。もしかしたらその半分にも、まだ知らぬ墓地があるのだろうか。

除染がされないまま放っておかれていた双葉町は、駅周辺の中心部に特定復興拠点を設定し、付近四〇ヘクタールの建物を解体、除染する方針を決めた。横山さんは太鼓倉庫だけを残して家を解体した。横山さんが作曲した『さくら』はあれからどんどん進化した。徘徊する鬼の足音の低音と重なる、桜を散らす風であったもう一台の太鼓は、鬼の隙を伺い、だんだん集まってくる人の足音を表し、舞い落ちる花びらを奏でた締太鼓は、最後は子供の笑い声となると言う。双葉町中心部をはじめ、一部で避難区域が解除された浪江町、富岡町は急速に変化している。これまでにサーカットで撮影した場所の変化を、再訪して撮ろうと思う。三春の桜中に保管してあるサーカットのネガを数えたら、ちょうど一〇〇枚あった。三春に来て、カメラが動くようになって五年、一〇〇枚のサーカット写真を撮ったのだ。いちばん新しいものは、二〇一八年六月、レイラニのポホイキロードを溶岩が横切った写真。まだ煙が出ていた。ラバはプナを東に横切り、海に流れて島を毎日少しずつ大きくしている。新しいブラックサンドビーチもできた。ハワイ島はいまも変容しつづけていける。

ハワイに通い始めて十二年が過ぎた。目の前に現れるものにただ必死で向き合うことが写真だと思っていたが、盆唄と出会い、輪をぐるぐると踊り続けて、いま私の立つ場所に、過去と未来が連なること、それがかけがえのない奇跡のようなものなのだと知った。

盆踊りの最後は、大友良英氏率いるオーケストラFUKUSHIMA!による盆踊り。楽器を持って来れば誰でも参加できるこのオーケストラに、全国各地から集まったミュージシャンたちが、やぐらの前のステージに所狭しと並んだ。総勢五〇名以上のミュージシャンたちが、大友氏の指揮で演奏を始める。

「じゃ最後は、みんな踊りながら演奏しよう!」大友氏がステージを降り、演奏者も踊り手たちにまざってやぐらの周りを回る。「ええじゃないか音頭」がはじまった。

円状のパレードとなった盆踊りを、私は一人逆回転して、目の前の一人一人を撮影しはじめた。太鼓が現れて消え、浴衣の女子高生のサックス三人が、オーボエが現れて消え、また太鼓が現れて、クラリネットが、踊り手が現れて、歌い手が現れて、ギター、バンジョーが現れて、そして、ええじゃないか、ええじゃないかと同じ踊りを踊る、たくさんの人が現れて消える。私もいつか死ぬんだ、という当たり前のことを、ふと初めて思い、はっきりと理解して、体の隅々まで染み渡っていった。

p.77
Hamakua Jodo Mission, 2006

p.71
Hamakua Jodo Mission, 2006

p.65
Pulehu, Maui, 2017

p.78-79
Paia Mantokuji, Paia, Maui, 2015

p.72-73
Hamakua Jodo Mission, 2006

p.66-67
Hana, Maui, 2014

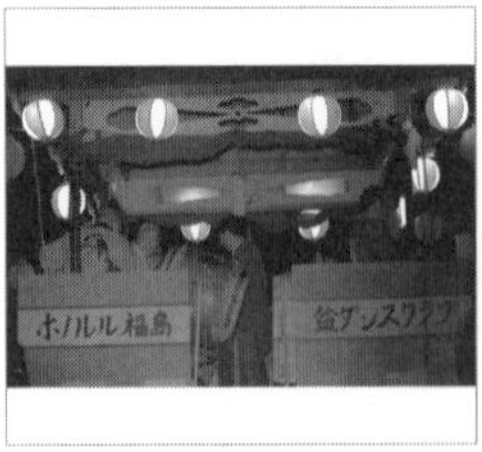

p.80-81
Higashi Hongwanji Mission of Hawaii, Honolulu, Hawaii, 2017

p.74-75
Mrs. Tomoe Violet Oketani, 2018

p.68-69
Honokaa, Hawaii, 2006

p.82-83
Koloa Jodo Mission, Koloa, Kauai, 2015

p.76
Miyoko Matsuo, Hamakua Jodo Mission, 2011

p.70
Hamakua Jodo Mission, Honokaa, Hawaii, 2006

p.148-149
Futaba, Fukushima, 2016

p.92-93
Miharu, Fukushima, 2014

p.84-85
Fissure 8, Leilani, Hawaii, 2018

p.186-187
Mrs Setsuko Hara, 2014

p.94
Hiroji Hashimoto, 2014

p.86-87
Miharu, Fukushima, 2013

p.192-193
Kailua, Maui, 2016

p.95
Hiroji Hashimoto, 2018

p.88-89
Miharu, Fukushima, 2014

p.201
Lahaina Jodo Mission, Lahaina, Maui, 2011

p.96
Takashiba Dekoyashiki, Fukushima, 2013

p.90-91
Takashiba Dekoyashiki, Fukushima, 2013

p.214
Lahaina Jodo Mission, 2013

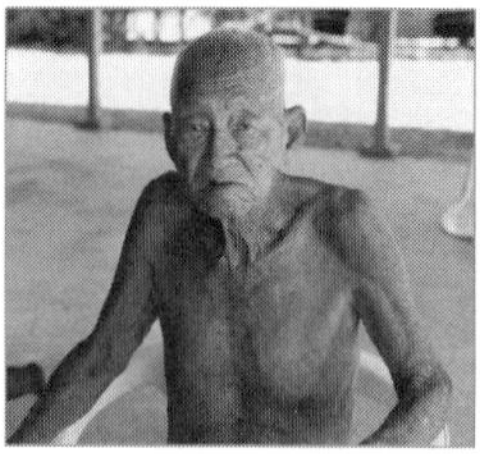

p.208
Paul Toshio "Lefty" Nishimura, 2013

p.202-203
Lahaina Jodo Mission, 2011

p.215
Lahaina Jodo Mission, 2013

p.209
Lahaina Jodo Mission from the Baby Beach, 2013

p.204
Mrs. Setsuko Hara, 2013

p.216
Sunset between Lanai and Molokai, 2013

p.210-211
Lahaina Jodo Mission, 2013

p.205
Rev. Gensho Hara, 2013

p.224-225
Honolulu, Hawaii, 2015

p.212-213
Puupiha Cemetery, Lahaina, Maui, 2013

p.206-207
Lahaina Jodo Mission, 2018

p.259
Kalapana, Hawaii, 2011

p.244-245
Koloa Jodo Mission, 2015

p.237
Pahoa Japanese Cemetery, 2017

p.247
Keomoku, Lanai, 2015

p.238
Aiko Sato at Pahoa Japanese Cemetery, 2018

p.251
Faye Komagata at Guzeiji Soto Mission of Molokai, 2015

p.241
Kalaupapa, Molokai, 2015

p.256
Pohoiki Road, Pahoa, Hawaii, 2018

p.243
Kaumakani, Kauai, 2015

参考文献

・フランクリン王堂＋篠遠和子『図説 ハワイ日本人史：1885〜1924』B.P.ビショップ博物館出版局

・浄土宗出版室 編『藍より深き念仏のこころ――きらめくハワイ開教百年の足跡』浄土宗

・牛島秀彦『行こかメリケン、戻ろかジャパン――ハワイ移民の100年』講談社文庫

・後藤明『南島の神話』中央公論新社

・白水繁彦＋鈴木啓 編『ハワイ日系社会ものがたり――ある帰米二世ジャーナリストの証言』御茶ノ水書房

・港千尋『太平洋の迷宮――キャプテン・クックの冒険』リブロポート

・Sam Low "Hawaiki Rising: Hokule'a, Nainoa Thompson and the Hawaiian Renaissance" Island Heritage Publishing.

・内野加奈子『ホクレア　星が教えてくれる道――ハワイの伝統カヌー、日本への軌跡』小学館

初出

・『名もなき墓』月刊ジャーナリズム 二〇一四年二月号
・『マウイの大佛――ラハイナ浄土院滞在記』Spectator Vol.29
・『ハワイの盆、フクシマオンド』SWITCH Vol.34 No.8
――より加筆・修正

岩根愛（いわね・あい）
写真家、東京都出身。
一九九一年単身渡米、ペトロリアハイスクールに留学。
オフグリッド、自給自足の暮らしの中で学ぶ。
帰国後、アシスタントを経て一九九六年に独立。
二〇一八年、初の作品集『ＫＩＰＵＫＡ』（青幻舎）を上梓、
第四十四回木村伊兵衛写真賞を受賞。

キプカへの旅

二〇一九年五月二四日　第一刷発行

著者　岩根　愛

編集・発行人　穂原俊二
発行所　株式会社太田出版
〒一六〇-八五七一　東京都新宿区愛住町二二　第三山田ビル四階
電話〇三-三三五九-六二六二　FAX〇三-三三五九-〇〇四〇
振替〇〇一二〇-六-一六二一六六
ホームページ http://www.ohtabooks.com/
印刷・製本　シナノ
ISBN978-4-7783-1672-3 C0095